U0059973

大都會文化
METROPOLITAN CULTURE

大都會文化
METROPOLITAN CULTURE

12天改變一生

趙普樂◎著

序

有人說，人生根本就是一場苦難。

的確，人生充滿著苦難與悲愁，卻也不可否認的，它也洋溢著歡欣與快樂；雖然處處潛藏著危機，卻也處處存在著生機。

其實，人生一時的不如意，不代表一生都將永遠不快樂；一度陷入困境，也不代表永世都無法抽離。有時只要在關鍵時刻，轉換思考，看清人生必經的一些事實，讓想法改變一下，生命就會有所不同。而那時，你也將會發現，人生其實有許多更可為的局面。所以不妨看看那些從失意中找回自己，面向人生成功坦途的例子，他們一定不會吝惜與你分享過來人的經驗。

本書提供了一百四十四個新觀念，透過深具意義的故事，要在十二天裡，逐步引導在人生旅途中失落的人們，走出迷津。因為唯有一步步，一天天沐浴在書中的新觀念裡，潛移默化的改變，才能讓你茅塞頓開、精神將為之一振。此時，你不但想法、做法煥然一新，也能有足夠的信心面對不停而來的挑戰與挫折，解開與家人、朋友間的僵化關係，更會因此有了向善運轉的能量，就連一直以來的負面情緒，也會瞬間有紓解、開悟的管道。

試試看吧！讓思維一天改變一點點，連續十二天，你就可以輕輕鬆鬆地，把那憂鬱而藍色的苦悶日子，轉變為燦爛輝煌的光明人生。

12 DAYS

12天改變一生 contents

目錄 12天改變一生

第2天・讓理想與創意轉個彎

第3天・賦予言語玄機與奧妙

第4天・火煉是成功的必經

第5天・堅持與恆心是必勝基石

第6天・善良就是你散發的清香

第7天・打開自己就是接納成功

第8天・謙卑才能容納偉大

第9天・關鍵是自己拯救自己

第10天・向前一步就能做得更好

第11天・自適才能跳脫羈絆的牢籠

第12天・蛻變前的關鍵忠告

第1天・別讓環境亂了分寸

不必為小事動怒
不因別人的態度而改變
學會控制情緒
做自己的主人
別讓嫉妒成為燎原之火
不要與虎謀皮
不在意瑣事
不把別人當傻瓜
努力的忘人之過
以德報怨人氣旺
主宰自己的命運
開創平和的世界

不必為小事動怒

犯不著去跟一些小人計較。因為即使你贏回了面子，卻輸了時間和精力。相反的，小人無所謂面子，有的卻是時間和精力，可以跟你耗。兩相比較之下，你就更居下風咯！

美國著名的拳王喬・路易，他縱橫拳壇多年，打敗無數高手。但是他私底下為人卻十分謙和，與場上的勇猛模樣，完全不一樣。

有一天，路易和朋友騎車一起外出，在路上和一輛貨車小小擦撞了一下。對方下了車，氣沖沖的把他們痛罵了一頓。

等貨車司機走了以後，他的朋友問路易，為什麼不修理那個傢伙？路易很幽默的回答說：

「如果有人侮辱了歌王卡羅素，你想卡羅素會為他唱一首歌嗎？」

每天改變一點點

不是用武之地，就不必顯露英雄本色。千萬不要因為狗咬了你一口，而有想咬狗一口的想法。

不因別人的態度而改變

有人認為，做人不需要做給別人看，不管別人怎樣，只要自己的本質不變，就是一個真正的智者。如果老是隨外界環境的影響，而改變自己做人的初衷，就像風一樣搖擺不定，任何事情一定無法做到完美。

有一個人和朋友，在住家附近的商店買東西，他禮貌的對店員說「謝謝」，但店員卻板著臉孔，沒有理會。

他們走出商店時，他的朋友說：「那傢伙的服務態度真差！」

這個人對朋友說：「哎呀！他每天都是這個樣子啦！」

朋友說：「既然他每天都這樣，你為什麼還要對他那麼客氣？」

這個人回答說：「我為什麼要因為他的壞態度，來改變我的好行為呢？」

每天改變一點點

不要因為別人，而改變自己做人的原則。別人的不友善是無智，而你的不友善是愚蠢。

學會控制情緒

不是每個人都是天生一副好脾氣。好脾氣是一種修養，它是你經千百次的忍耐，所完成的一種修煉。壞脾氣則是一把雙刃劍，它能傷別人，也能傷害你自己。逞一時口舌之快，而導致嚴重的後果，你認為值嗎？

俗話說：「話到嘴邊留一會。」

如果冷靜的考慮三分鐘，你就會發現，事情有很多種解決方式，而冷靜與心平氣和，絕對是處事的上策。

從前，有個脾氣很壞的小男孩。有一天，他父親給了他一大包釘子，要求他每發一次脾氣，都必須用鐵錘在他家後院的柵欄上，釘一根釘子。第一天，小男孩總共在柵欄上，釘了三十七根釘子。

過了幾個星期，由於慢慢的學會控制自己的憤怒情緒，小男孩每天在柵欄上釘釘子的次數少多了。最後，小男孩變得不愛發脾氣了。

小男孩很高興的把自己的轉變，告訴了父親。他父親又進一步要求他說：

「如果你能堅持一整天不發脾氣，就可以從柵欄上，拔下一根釘子。」

經過一段時間，小男孩把柵欄上所有的釘子都拔光了。這時，父親拉著他的手，來到柵欄邊，對小孩說：

「兒子，你做得很好。但是，你看看！那些釘子釘在柵欄上，留下的那麼多小孔，柵欄再也不是原來的樣子了。當你向別人發過脾氣之後，你的言語就像這些釘孔一樣，也會在人們的心靈中，留下疤痕。這就好比用刀子刺向了某人的身體，然後又拔出來一樣，無論你說多少次對不起，那些傷口都會永遠存在。要知道，言語對人所造成的傷害，與用利器傷害人的肉體，並沒什麼兩樣呀！」

每天改變一點點

誰也不願意自己的心靈，被「釘」得千瘡百孔，請控制好自己的脾氣與嘴巴吧！

做自己的主人

有些人做事總是放不開，這也怕，那也怕，結果事情做得一塌糊塗，有時甚至同時採納很多人的建議，結果卻沒有一個人誇他事情辦得好。

自己做自己，怕什麼呢？

有位書法大師，應一座寺廟的邀請，要提字製成扁額，懸掛在寺門上，供遊人欣賞。他寫字時，一名直爽的弟子，為他磨了許多墨，但也說了許多話。大師寫了第一幅後，他就批評道：

「這幅寫得不好！」

「這一幅呢？」大師問。

「不好、不好，比前一幅還差！」這位弟子說道。

大師耐著性子一連寫了八十四幅，仍然得不到這位弟子的稱讚。後來，這位弟子外出去小解，大師心想：「現在我終於可以平心靜氣的寫了。」

就在大師心無旁騖的情況下，很快就一揮而就。那位弟子回來一看，直誇讚說：「傑作！真是傑作呀！」

●每天改變一點點

不要讓別人牽著你的鼻子走。

別讓嫉妒成為燎原之火

在婚姻的過程中，心態消極的人，一路上都在暈船，無論目前的狀況如何，他們都會作出主觀的判斷，並得到失望的結論。

有一個非常善嫉的太太，每天，每當丈夫回來，她都會去翻丈夫的衣領、檢查他的口袋，看看有沒有女人的頭髮或口紅印。如果找到一些蛛絲馬跡，她就會大哭大鬧。

有一次，他連續找了一星期，都沒有任何發現，就坐在椅子上痛哭起來。他的丈夫不理解的問道：「妳這是在哭什麼呀？」

「我已經一個星期，沒有在你身上找到女人的頭髮了。」

「那不是很好嗎？為什麼還要哭？」

太太哭得更傷心的說：「沒想到，你現在墮落到跟禿頭的女人在一起了……。」

每天改變一點點

太太為什麼不積極的認為，丈夫是變好了呢？像她這種悲觀、消極的心態，小則影響個人的生活，大則可能釀成人間的悲劇。

不要與虎謀皮

有良知的人，大都有憐憫的心。但是，這種憐憫的心，如果拿去對待禽獸，只怕是要吃到惡果，因為禽獸不了解，有憐憫心的人是善良的人，不應傷害。

一個大雪紛飛的冬天，獵人在森林裡發現了一頭巨大的野熊。他舉起了獵槍，瞄準大熊的咽喉，準備扣動扳機。

大野熊見到情勢危急，立刻對獵人央求說：「有事好商量。何必一定要開槍呢？」

有些吃驚的獵人放低了槍口，回答說：「我必須要做一件溫暖的熊皮大衣，來抵禦嚴寒。」

「行啊！」大野熊鎮靜自若的說：

「我也沒有什麼別的要求，只希望在死前能讓我吃飽肚子就行了。這樣吧！咱們來談談做法……」

於是，獵人和野熊坐下來談判。經過一番辯論，最後終於達成協議。

過了好一會兒，大野熊獨自走了。牠的要求得到了滿足——填飽了肚子；而獵人也如願以償，在大野熊的肚子裡，穿上了他一直想要的熊皮大衣。

每天改變一點點

真正的敵人，常常偽裝得很像的一個摯友。千萬不要憐惜蛇蠍一樣心腸的惡人。

不在意瑣事

人們通常為一些小事情而自尋煩惱，甚至為之寢食不安。如果這樣的小事多了，人豈不要被活活累死。隨意適性的生活，不要羈絆於瑣事之中，才能生活得愉快。

有一次，有個小孩摸著于右任的長鬍子，好奇的問道：

「于爺爺，請問您晚上睡覺時，這把長鬍子是放在棉被裡？還是棉被外呢？」

當時于右任答不出來。

到了那天晚上，他上床睡覺時，不管把鬍子放在棉被裡或棉被外，都覺得很不自在，整晚都為這個問題輾轉難眠。平時，他因為根本不曾在意這個問題，所以，鬍子有時在裡面，有時在外面，一切任其自然，反而可以睡得很好。

每天改變一點點

不要斤斤計較於那些瑣碎的事情，這樣才能放開手腳去做大事。

不把別人當傻瓜

所謂「大智若愚」，有些人看起來很像傻瓜，其實在傻傻的外表背後，蘊藏著智慧。

以前，大家都說有個孩子傻，為什麼呢？因為大家做過這樣的試驗：拿五元和十元的硬幣給他，他總去拿五元的，而且屢試不爽。這樣的人還不算傻嗎？所以，大家總是嘲笑他。

有一次，一位外地的智者從這裡經過，聽說了這件事，也親自去試驗了一回，果然與大家說的一樣。沒想到智者事後哈哈大笑，並拍著那個孩子的肩膀，說：「小朋友，你真聰明。」

那孩子笑了。

智者說完，轉身飄然而去。大家傻笑了一陣，也就散了。

可是，到底這個孩子傻不傻呢？大家有點難以確定了。

這個名字叫做威廉·亨利·哈里森的傻小孩，長大後當選為美國第九任總統。

●每天改變一點點

我們常常會為自己的一點小聰明而沾沾自喜。可是，正是因為我們有這一點小聰明，才看不到別人的大智慧。

努力的忘人之過

以寬大的胸懷，容納別人的過錯，會讓你擁有更多人的心。

東漢末年，曹操率兵在官渡大敗袁紹，創造了中國戰爭史上「以少勝多」的著名典範，為其統一北方，奠定了成功的基礎。

當他們雙方交戰之時，袁紹兵力數倍於曹操，曹操的形勢，一度岌岌可危。可惜袁紹雖然兵力強大，卻剛愎自用，不聽謀士的忠言，以致謀士憤而投靠曹操，為曹操獻計、獻策。曹操採用謀士火燒烏巢〈袁軍糧草重地〉的計策，曹軍才能得到大勝。

勝利後，曹軍發現袁紹的文件檔案中，有大量是朝中官員寫給袁紹的信，全都是討好袁紹，想為自己謀好退路的話，所以不免有很多污衊曹操的言語。有人建議曹操應該徹底追查此事，以通敵的罪名，論處這些官員。

曹操否決了這項建議，也沒有去看這些信件，甚至命人將信件全部燒掉。當曹操望著熊熊的火焰時，說：「我當時的形勢危急，根本都不能自保，他們這樣做，也是迫不得已、情有可原的啊！」

單就見識、胸懷以及收買人心的策略這一層面來說，曹操的確高人一籌。

每天改變一點點

「大度方能立信，安反方能扶正」。凡有大作為的人，大都有大度量，他們在用人方面，不會矯枉過正、揪著下屬的把柄不放，因為這樣只會削弱自己，增強敵人的實力。

以德報怨人氣旺

俗話說：「冤冤相報何時了。」

仇恨不僅會指失內耗，影響人的心情、前進計畫和方向，更會影響人的整個人生。超越仇恨的最好方式，不僅要寬恕、感化對方，還要讓對方成為你的盟友。不要以惡報惡，以辱罵還辱罵。要祝福，叫人們承受福氣。

梁國和楚國相鄰，這兩國都出產瓜。而梁國人很勤奮的澆灌他們的瓜田，所以瓜都長得又大又甜。楚國的人卻十分懶惰，很少去灌溉他們的田地，所以瓜都長得不好看、也不好吃。可是，楚國的人一點兒也沒有看到自己的懶散，反而嫉妒梁國的瓜種得好，常在夜裡破壞梁國的瓜田，造成梁國不少的損失。梁國人氣不過，請求梁國縣令，准許他們也去破壞楚國人的瓜田。但是，梁國縣令卻說：「冤冤相報何時了？何必心胸狹窄到這種程度呢？」

然後縣令就暗地裡，命令自己的士兵，每晚都偷偷的去澆灌楚國的瓜田。

楚國人十分驚訝。打聽之後，知道是梁國人所做的，就把這件事上報給楚王。楚王一方面很慚愧自己國人的表現，一方面也又稱道梁國人的做法。兩國從此結下了很好的邦誼。

每天改變一點點

用友善的方法去與對手較量，會有意想不到的收穫。寬容大度是贏得友誼的良策。

主宰自己的命運

人生就像是一張白紙，有的人能在上面繪出絢麗的圖畫，有的人只能在上面簡單的勾勒幾筆；有的人永遠都讓它保持一片空白，有的人則把它抹黑。出現怎樣一個結局，關鍵在於每個人的心態。

兩個鄉下人外出打工。一個想去上海，一個要去北京。在候車廳等車時，聽到鄰座的人議論說：「上海的人精明得很，連外地人問個路都收費哩！……」

「北京人質樸多了，見了沒飯吃的人，不僅給饅頭，還送舊衣服……」

想去上海的鄉下人，聽說北京人好，心想：現在就算賺不到錢也餓不死，慶倖自己還沒到上海，就知道這情況，不然一到上海，真是掉進了火坑。

想去北京的鄉下人卻想：上海真好，給人帶路都能賺錢，我幸虧還沒上車往北京，不然，真失去一次致富的機會。

於是他們在退票處相遇，並交換了彼此的一張車票。

去北京的鄉下人發現，北京果然好。他初到北京的一個月，什麼都沒做，竟然沒有餓著。銀行大廳裡的蒸餾水可以白喝，大商場裡歡迎品嘗的點心也可以白吃，他真是在心裡偷偷樂著。

去上海的鄉下人發現，上海果然是一個可以發財的城市，無論做什麼都可以賺錢。帶路可以賺錢，開廁所可以賺錢，弄盆涼水讓人洗臉也可以賺錢。只要想點辦法，再花點力氣都可以賺錢。

於是，憑著鄉下人對泥土的感情和認識，第二天，他在建築工地，裝了十包含有沙子和樹葉的土，以「花盆土」的名義，向不見泥土而又愛花的上海人兜售。當天他在城郊間往返六次，淨賺了一百元人民幣。一年後，他憑著「花盆土」，竟然在大上海擁有了一間小小的店面。

他常年的走街串巷，發現一些商店樓面亮麗，而招牌卻顯得髒黑。一打聽之下，才知道清潔公司只負責洗樓面，而不負責洗招牌。他立即辦起一個小型清潔公司，專門負責擦洗招牌。後來，小型清潔公司慢慢的發展到擁有幾百名清潔工，業務也由上海發展到杭州和南京。

幾年後，他坐火車到北京考察清洗市場。在北京車站，一個撿破爛的人，把頭伸進軟臥車廂，向他要一隻空啤酒瓶。就在遞瓶時，兩人都愣住了，因為五年前，他們曾交換過一次票。

●每天改變一點點

碰上機運是偶然的，決定成敗是必然的。一切都源於你的思考，取決於你的行動。

開創平和的世界

一個人活著，只需安寧度日，悲也可以放下，喜也可以放下，這就是生活的真諦。如果你總是沉溺於愁喜之間，就永遠無法獲得一分平和，也就無法看到內心以外的精彩世界。

平劇表演藝術家新鳳霞，個性質樸、直率。她在回憶錄裡，講述了自己這樣的一個故事：

新鳳霞有一把小茶壺，那是跟隨她多年的心愛之物。有一天，她不小心把小茶壺摔碎了。但是，她沒有太傷心，也沒有太過自責，只在心裡對自己說：「不能就這麼算了，我得賠我自個兒一把新茶壺！」

後來，她真的上街，找了很多家茶鋪，精挑細選的，賠了自個兒一把心愛的茶壺。

每天改變一點點

你所過的日子，無非是自己對自己的承諾，只要能讓自己快樂就行了。

第2天·讓理想與創意轉個彎

由不同的角度看問題
運用超乎常規的思維
敢於創新
由創新中求發展
設定切合實際的理想
找出最好的方法
利用逆反心理
盡量探採世上的可用之材
讓一變身為十
掌握處處存在的生機
相信「沒有不可能」
讓希望成為你的力量

由不同的角度看問題

「橫看成嶺側成峰，遠近高低各不同」。

從問題的各種角度，能看出各不相同的結果。在工作中也是如此，你有可能遭遇別人無情的否定，但是千萬不要就此否定了自己，認為自己會一無所成。你可以利用自己的思維，引導別人對自己的看法，或多吸收別人的意見，以不同的角度看看自己，你將發現，你是優秀的！

有位青年畫家，想努力提高自己的畫技，畫出人人喜愛的畫。為此他想出了一個辦法，就是把自己認為最滿意的一幅作品掛出來，旁邊放上一枝筆，請行家們把不足之處指點出來。畫市上人來人往，畫家的態度又十分誠懇，許多人就真誠的發表了自己的意見。到了晚上，畫家發現，畫面上所有的地方，都標上了指責的記號。也就是說，這幅畫簡直一無是處。

這個結果對青年的打擊太大了，一時萎靡不振，開始懷疑自己到底有沒有繪畫的才能。

他的老師見他前不久還雄心萬丈，此時卻如此情緒消沉，不明白原因。待問清原委之後，哈哈大笑，叫他不必就此下結論，換一個地方再掛一天試試看。

第二天，畫家把同一幅畫又掛了出來，旁邊一樣放上了一枝筆。所不同的是，這次是讓大家把覺得精彩的地方指出來。到了晚上，畫面上所有地方，同樣密密麻麻的寫滿了各種記號。

青年畫家這才恍然大悟，以後終於在畫壇上有了成就。

每天改變一點點

眾口難調，你永遠無法滿足所有人的胃口。高明的廚師，會引導大家跟著自己的感覺走，而不是讓自己跟著別人走。透徹的理解別人的讚揚和批評，你才會有所感悟。

運用超乎常規的思維

常規的思維方式，就像一張會把你網住的網，如果你始終走不出它，你就會被它困住，無法化解問題。人的思維應是立體的、多面的，只有把自己提升到一個高度全方位的位置，再去詮釋它，問題自然就迎刃而解了。

在一次歐洲籃球的錦標賽上，保加利亞隊與捷克斯洛伐克隊相遇。當比賽剩下八秒鐘時，保加利亞隊以兩分優勢領先，似乎是穩操勝券了。但是，局勢卻不然。因為那次錦標賽所採用的是循環制，保加利亞隊必須贏球超過五分才能取勝。也就是必須用僅剩下的八秒鐘，再贏三分，才能算勝。這談何容易？

這時，保加利亞隊的教練突然要求暫停。

許多人對此舉都付之一笑，認為保加利亞隊大勢已去，被淘汰是不可避免的，教練即使有回天之力，也很難力挽住狂瀾。

暫停結束後，比賽繼續進行。這時，球場上出現了眾人意想不到的事情：保加利亞隊拿球的隊員，突然運球向自家籃下跑去，並迅速起跳投籃，球應聲入網，比賽時間到。

全場觀眾頓時目瞪口呆。最後，裁判員宣佈雙方打成平手，需要延長加賽時間比賽，大家才恍然大悟。

保加利亞隊這個出人意料之外的舉動，為自己創造了一次起死回生的機會。在加時賽的期間，保加利亞隊贏了對方六分，如願以償的過關了。

根據心理學家的研究結果顯示，人類所使用的能力，只有占人類所具備的能力的百分之二十五。

這就更有必要倡議打破常規的創造性思維了。

在一般情況下，按常規辦事並沒有什麼錯。只是，當常規已經不再適應變化了的新情況時，就應該解放思想，打破常規，努力創新，另闢蹊徑。因為唯有這樣，才能化缺點為優點，化弊端為有利，化腐朽為神奇，並且在似乎已經絕望的困境中，尋找到希望，創造出新的契機，取得出人意料的勝利。

每天改變一點點

在日常生活和工作中，應該多注重創造性思維的訓練，凡事不妨換個角度和思路，多想想，對事情絕對有幫助。聰明的人，就是想法跟別人不一樣的人。

敢於創新

高明的推銷，不是滿足需求，而是創造需求。高明的創意與獨特的視野，往往更容易吸引別人的注意，這就是創新的目的。

毛姆成名之前，生活清苦。為求文章有價，有一次寫完一部小說後，毛姆就在報紙刊登了這樣一分徵婚啟事：

「本人喜歡音樂和運動，是個年輕又有教養的百萬富翁，希望能和毛姆小說中的女主角完全一樣的女性結婚。」

幾天之後，毛姆的小說被搶購一空。

每天改變一點點

推銷是一種藝術。毛姆在推銷自己的作品時，便開了現代暢銷書炒作的先河，只是，現今一些文人的炒作手法，比毛姆要遜色多了。

由創新中求發展

做任何事情都一樣，如果只是一味的按部就班去模仿別人，那麼，即使付出再多的努力，也永遠只能跟著別人的腳步前進而已。

清代乾隆年間，有兩個書法家，一個極認真的模仿古人，講究每一筆、每一劃都要酷似某某人。例如某一橫要像蘇東坡的，某一捺要像李太白。等到練到了這一境界的時候，他就非常得意。

另一個書法家則正好相反，不僅苦苦的練，還要求每一筆、每一劃都要不同於古人，講究自然。等他練到這一個境界時，才覺得心裡踏實。

有一天，第一位書法家諷刺第二位書法家說：「請問仁兄，您的字，有哪一筆是古人的？」

第二位書法家聽了並不生氣，還笑眯眯的反問說：「也請問仁兄一句，您的字，有哪一筆是您自己的？」

第一位書法家聽了，頓時啞口無言。

每天改變一點點

齊白石先生說過：「學我者生，似我者死。」走不出別人的框架，自然也就不會有自己的天地。

設定切合實際的理想

「成功」一般都是從理想起步，一些功成名就的人，最初都會給自己樹立一個理想。他們的理想未必都很遠大，但一定都很切合實際。

貝爾納是法國著名的作家，一生創作了大量的小說和劇本，在法國影劇史上，占有特別的地位。

有一次，法國一家報紙，進行了一次有獎智力問答競賽，其中有這樣一個題目：

「如果法國最大的博物館羅浮宮失火了，情況只允許你搶救出一幅畫，你會搶哪一幅？」

結果該報在所收到的成千上萬的回答中，貝爾納以最佳答案獲得該題的獎金。他的回答是：

「我會搶救離出口最近的那幅畫。」

●每天改變一點點

設定成功的最佳目標，不是選擇最有價值的那個，而是選擇最有可能實現的那個。

DAY 2

找出最好的方法

成功的獲得，大都從方法開始，而有了「好的方法」，就達到成功的一半。有些問題之所以解決不了，有些困難之所以克服不了，不是因為不夠努力，而是因為沒有找到好的方法。

減肥是令許多人望而卻步的難事，是許多胖子們的大難題。但有一家減肥健美中心，卻在這方面收到顯著的效果，久負盛名。

有一天，一位胖男子慕名而來。他已有過多次減肥失敗的經歷了，這回他是抱著最後一試的態度來的，所以劈頭就問教練，他該怎麼辦？

教練記下了他的地址，然後告訴他說：「回家等候通知，明天會有人告訴你怎麼做。」

第二天一早，門鈴響了，一位漂亮性感的青春女郎站在門口，對胖男子說：「教練跟我說，你要是能追到我，我就是你的。」

胖男子大喜，從此每天早晨都在女郎後面狂追。

幾個月下來，胖男子的身體已逐漸矯健起來，他早都忘了他是在減肥，只是一心想把那漂亮性感的女郎追到手。直到有一天，胖男子正在想：「今天我一定要追到她。」

胖男子一大早就起來站在門口等著。可是，那位漂亮性感的女郎沒有來，來的是一位和他以前一樣胖的女士。胖女士對他說：「教練吩咐說，我要是能追到你，你就是我的。」

這家減肥健美中心用這個祕方，賺了源源不斷的錢。

每天改變一點點

「偷換概念目標」的模式做法，能把一些艱苦的過程，變得輕鬆有趣。

利用逆反心理

古代兵書上有說：「攻心為上，攻城為下；心戰為上，兵戰為下。」現實的生活也是一樣，面對難纏的人，最好不要直言相斥，可以利用他的逆反心理，讓他知難而退。

一個剛退休的老人回到家裡，他在一個小城買了一座房子住了下來，想在那兒寧靜的打發自己的晚年，寫些回憶錄。

剛開始的幾個星期，一切都很好，安靜的環境，對老人的精神和寫作都很有益。但是，有一天，三個半大不小的學生，放學後開始來這裡玩，他們把幾隻破垃圾桶踢來踢去，玩得不亦樂乎。老人受不了這些噪音，便出去跟年輕人談判。

「你們玩得真開心，是嗎？」老人說：「我也很喜歡看你們踢垃圾桶玩，如果你們每天來玩，我就給你們三個人每天每人一塊錢。」

三個小夥子很高興，更加起勁的表演了他們的足下功夫。

過了三天，老人憂愁的說：

「通貨膨脹使我的收入減少了一半，從明天起，我只能給你們五毛錢了。」

小夥子們很不開心，但還是答應每天下午放學後，繼續去進行表演。一個星期後，老人又愁眉苦臉的對他們說：

「我最近沒有收到養老金匯款，對不起，每天只能給你們兩毛錢了。」

「兩毛錢？」

其中一個小夥子臉色鐵青的說：

「我們才不會為了區區兩毛錢，浪費寶貴時間來為你表演呢！我們不幹了。」

從此以後，老人又可以過安靜的日子了。

老人退休前，是一家私人機構的工會主席。

●每天改變一點點

就某層面來說，只要是人，總是期盼著生活越來越好，而薪水和酬勞就變成僵硬的東西，一般人都認為只可漲、不可跌。

盡量採採世上的可用之材

智慧就是財富。的確是的，有一個好點子，就好像得到一筆巨大財富。

有位猶太富豪走進一家銀行，來到貸款部前，大模大樣的坐了下來。

「請問先生，您有什麼事情需要我們效勞的嗎？」

貸款部經理一邊小心奕奕的詢問，一邊打量來人的穿著：名貴的西服，高檔的皮鞋，昂貴的手錶，鑲寶石的領帶夾子……

「我想借點錢。」猶太富豪說。

「完全可以，您想借多少呢？」

「一美元。」

「只借一美元？」貸款部的經理驚愕的問。

「我只需要一美元。可以借嗎？」

「按我們的規定，只要有擔保，無論借多少，我們都可以照辦。」

「好吧。」

猶太富豪從豪華的皮包裡，取出一大堆股票、國債、債券等放在桌上說：「用這些做擔保可以嗎？」

「先生，這裡總共價值五十萬美元，做擔保當然足夠。不過……先生，您真的只要借一美元嗎？」經理清點了一下，然後說道。

「是的。」猶太富豪面無表情的回答。

「好吧！那請到那邊辦手續吧，年息為六釐，只要您先付出六釐的利息，一年後歸還，我們就把這些作保的股票和證券還給您……」

「謝謝！」

猶太富豪辦完手續，便準備離去。

一直在一邊冷眼旁觀的銀行行長，怎麼也弄不明白，一個擁有五十萬美元的人，怎麼會跑到銀行來借一美元呢？他從後面追了上去，有些尷尬的問：「對不起，先生，可以問您一個問題嗎？」

「你想問什麼？」

「我是這家銀行的行長，我實在弄不懂，你擁有五十萬美元的家當，為什麼只借一美元呢？要是您想借四十萬美元，我們也會很樂意為您服務……」

「好吧！既然你這樣疑惑，我就把實情告訴你吧！我到這兒來是想辦一件事情。可是隨身攜帶的這些票券很礙事。我問過幾家金庫，要租他們的保險箱，租金都很昂貴……。我知道貴行的保全做得很好，所以嘛，就將這些東西以擔保的形式寄存在貴行了，由你們負責替我保管，我還有什麼不放心呢？況且借款不多，利息很便宜，一年才扣除六美分……」

每天改變一點點

寧靜致遠，精明而厚道，用您的慧眼，去發現別人還未觸及的地方吧！

讓一變身為十

在商業化的社會裡，是沒有等式可言的。當你抱怨生意難做時，也許有人正因點鈔票而累得氣喘吁吁。這裡面的差別，可能就在於：你認為一加一應該等於二，而他認為一加一永遠大於二。

在奧斯維辛集中營，一個猶太人對他的兒子說：「現在我們唯一的財富，就是智慧。當別人說一加一等於二的時候，你應該想到大於二。」

納粹黨在奧斯維辛集中營，毒死了五十三萬六千七百二十四個人，這對父子卻僥倖的存活了下來。一九四六年，他們來到美國，在休士頓做銅器生意。

「一磅銅的價格是多少？」有一天，父親問兒子。

「三十五美分。」

「對，整個德克薩斯州都知道，每磅銅的價格是三十五美分，但作為猶太人的兒子，你應該說三點五美元。你試試把一磅銅做成門把看看。」

二十年後，父親死了，兒子獨自經營銅器店。他做過銅鼓、做過瑞士鐘錶上的簧片、做過奧運會的獎牌。他曾把一磅銅賣到三千五百美元，這時他已是麥考爾公司的董事長了。

然而，真正使他揚名的，是紐約州的一堆垃圾。

一九七四年，美國政府為了清理為「自由女神像」翻新，所扔下的廢棄物，向社會廣泛招標。但好幾個月過去了，沒有人承包。正在法國旅行的他聽說後，立即飛往紐約，看過「自由女神像」下堆積如山的銅塊、螺絲和木材後，沒有提任何條件，當場就簽了字承包。

紐約許多運輸公司，對他的這一個愚蠢的舉動，暗自發笑。因為在紐約州，垃圾處理有很多嚴格規定，弄不好會受到環保組織的起訴。

就在一些人要看這個德克薩斯人的笑話時，他開始組織工人，對廢棄物進行分類。他讓人把廢銅熔化，鑄成小自由女神像；他把木頭等加工製成底座；廢鉛、廢鋁做成紐約廣場的鑰匙。最後，他甚至把從自由女神身上掃下的灰塵，都包裝起來，出售給花店。

不到三個月的時間，他把這堆廢棄物，變成了三百五十萬美元的現金，每磅銅的價格整整翻身了一萬倍。

每天改變一點點

每一種行業中，都有人賺大錢，有人賺小錢，有人賠錢。其實大家的腦子都差不多，只不過有人用得多，有的人整天都讓大腦休息。

掌握處處存在的生機

人與人之間，往往只因為很小的差別，卻形成日後人生巨大的差異。因此，千萬不可忽略人生路上的任何一個微小的差異，因為它很可能就是導致成功或失敗的重要關鍵。

不要埋怨社會沒有給你機會，也不要責怪自己生不不逢。其實，人生處處充滿著生機，關鍵在你用什麼樣的態度，去實施你的人生計畫。

在一個小鎮上，有位老人把他的兩個兒子找了過去。

「你們倆的年紀也不小了，該到外面闖闖啦！」

他這麼叨叨的說著。

兩個兒子只好遵從父命，前往繁華的大都會。過了幾天，大兒子便回來了。

「怎麼回事？你為什麼這麼快就回來了？」老人有些吃驚的問。

「老爸，你不知道，那兒的物價實在太可怕啦！連喝個水都得花錢買呢！如果以後叫我在那兒生活，我哪吃得消！」

沒過多久，二兒子拍了封電報回來：

「這裡可真是遍地黃金啊！連我們喝的水都可以賣錢哩！我這陣子不打算回來啦！」

又過了幾年，二兒子在大都市發了財，他掌握了大部分的礦泉水及蒸餾水市場，成為富甲一方的富翁。

●每天改變一點點

樂觀的人，在每一種憂患中，都會看到機會；悲觀的人，在每個機會中，卻只看到憂患。

相信「沒有不可能」

銷售時，與其磨破嘴皮、運用各種推銷話術，不如找到合適的切入點切入，這是推銷的最高藝術。打破慣常的思維，標新立異，成功有時候就等在你腦筋產生轉彎的地方，使「不可能」一下子變成了「可能」。

有一個效益相當好的大公司，決定進一步擴大經營規模，高薪招募銷售主管。廣告一打出來，應徵者雲集。面對眾多的應徵者，招募工作的負責人說：

「相馬不如賽馬。為了能選拔出高素質的營銷人員，我們出一道很實際的試題：就是『如何把木梳大量的賣給和尚？』。」

絕大多數的應徵者聽完，都感到困惑不解，甚至有點憤怒。因為他們認為，出家人剃度為僧，頭上無髮，買木梳來做什麼用？出這種題目，無異是神經錯亂，拿人窮開心。因此，過了不久，應徵者接連的拂袖離去，幾乎走光了。只剩下三個應徵者：小伊、小石和小錢。

負責人對剩下的這三個應徵者說：「以十天為期限，到時候，請各位把銷售的成果向我報告。」

十天的期限到了，負責人首先問小伊：「你賣出了多少？」

小伊回答說：「一把。」

「怎麼賣的？」

小伊講述了他如何費盡了唇舌，以及如何受到眾和尚的責罵和追打的委屈。剛開始，一把木梳也沒有賣出去。

他垂頭喪氣的下山，途中遇到一個小和尚，正一邊曬太陽，一邊使勁的搔著又髒又厚的頭皮。小伊靈機一動，趕忙遞上木梳，小和尚用後滿心歡喜，於是買了一把。

負責人又問小石：「你賣出了多少？」

小石回答說：「十把。」

「怎麼賣的？」

小石說他去了一座名山古寺，由於山高風大，進香客的頭髮都被風吹亂了。小石找到了寺院的主持，對他說：「讓進香客蓬頭垢面的面對佛尊，是對佛尊的不敬。如果在每座廟的香案邊，擺放一把木梳，供那些香客梳理頭髮，不就解除了這個問題了。」

住持採納了小石的建議。山上共有十座廟，於是住持一共買下十把木梳。

負責人又問小錢：「你賣出多少？」

小錢回答說：「一千把。」

負責人驚問：「怎麼賣的？」

小錢說，他到了一個頗具盛名、香火鼎盛的深山寶剎，朝聖者如雲，施主絡繹不絕。小錢就對主持說：「凡是來進香朝拜的人，都有一顆虔誠之心，寶剎應有所回贈，以資作為紀念，並保佑其平安吉祥，鼓勵其多做善事。我有一批木梳，您的書法超群，可依您的真跡寫上『積善梳』三個字，然後刻印，印上在木梳上，就可以當作贈品了。」

主持大喜，立即買下一千把木梳，並請小錢多住幾天，以便和他共同出席首次贈送「積善梳」的儀式。

得到「積善梳」的施主與香客，都很高興。就這樣一傳十，十傳百，朝聖的香客更多了，香火也更加鼎盛。不止這樣，好戲跟在後頭呢！主持還希望小錢多賣一些不同類型的木梳，以便分階贈送給各種不同類型的施主與香客。

每天改變一點點

梳子賣給和尚，聽起來似乎荒誕不經，但梳子除了梳頭之外，還有別的用處呢？能在別人認為不可能的地方，開發出新的市場來，這才是真正的銷售高手。

讓希望成為你的力量

「看得見希望，就會有力量。」這是卡耐基說的。

工作中，誰都會遭遇到困境。那時，一般人大都會覺得自己一事無成，有些沮喪，有些洩氣。但是，你一定要清楚一件事，那就是未來的路還很長，只要有時間，就有機會，就可以重新再來。也就是「不放棄心中的希望」，因為那是力量的源泉。

三國時期，有一年的夏天，天氣格外的熬熱。那時，魏武帝曹操，正好率兵要經過一片大荒原。隊伍在烤人的太陽下走了好幾十里路，兵將們個個大汗淋漓，氣喘吁吁，隊伍行進的速度，越來越慢。

曹操看見兵將們口乾舌燥，於是便派人四處尋找水源，可是都空著手回來，一滴水也沒有找到。有的士兵受不了，就嚷嚷起來：「渴死了，渴死人了。」

曹操騎在馬上，感到進退兩難。忽然，他靈機一動，想出一個辦法。於是大聲的對兵將們說：

「太好了，太好了，前邊不遠的地方，有一大片梅林，梅子又多又大，吃起來甜甜酸酸的，一定可以解渴。以前我走過這條路，就是在那裡吃了一大把梅子。」

兵將們聽了曹操的話，想著酸梅子的滋味，嘴裡都不自禁的流出口水，也就不再覺得那麼渴了。曹操借這個機會，鼓勵大家加快行軍速度，振作起精神，果然很快的走出了大荒原，找到了水源。

DAY 2

每天改變一點點

「希望」就如海上明燈，能給你無窮的力量，指引你不斷的追尋。「希望」就像充滿理想的花，能讓你為了花開的燦爛，不懈怠的去澆灌。

第3天・賦予言語玄機與奧妙

不要輕忽「問」的玄機
掌握說話的藝術
講究說話的品質
有時無聲勝有聲
發揮讚美的力量
多瞭解、多溝通
懂得如何拒絕別人
對不同的人說不同的話
受委屈時能夠自嘲
換一個角度看待事情
莫讓沒良心的話傷了你的心
給人溫馨的鼓勵

DAY 3

不要輕忽「問」的玄機

競爭無處不在。想要在激烈的競爭中獲勝，應該學會給別人留餘地，也要為自己爭取最大的領地。只有這樣，才會在不知不覺中獲勝。

有兩家賣甜酒且左右並排的小店，兩家店每天的顧客差不多，都是川流不息、人進人出的。

然而到了晚上結算的時候，左邊店家總是比右邊店家多出個幾千元來。偶而一次也就罷了，可是天天如此就怪了，究竟問題出在哪裡呢？

原來，右邊店家的服務小姐微笑著把客人迎進去，給客人盛好甜酒之後，問說「加不加雞蛋？」當然有人回答「加」，也有人回答「不加」。加與不加的機率大概各占一半。

再看左邊這家店吧！每進來一個顧客，服務員問的是「甜酒裡要加一個雞蛋，還是加兩個？」愛吃雞蛋的就要求加兩個，不愛吃的就要求加一個，也有要求不加的，但是很少。

所以，一天下來，左邊這家店，就比右邊那家店，多賣出很多個雞蛋。

DAY 3

●每天改變一點點

心理學上有所謂的「沉錨」效應：人在做決策時，思維往往會被得到的第一資訊所左右，第一資訊會像沉入海底的錨一樣，把你的思維固定在某處。

掌握說話的藝術

語言具有很大的魔力，懂得了這層道理，便會讓你廣受歡迎。

有兩位年輕的修士，同時進入一所修道院修道。兩人過去都有抽煙的習慣，為了能一解煙癮，其中一位修士跑去問老院長說：「能不能在禱告的時候抽煙？」

結果這位修士被臭罵一頓回來。

另一位修士則問老院長說：「可不可以一邊抽煙、一邊禱告？」

這位修士居然被院長大大的誇獎一番，還稱讚他說：「太好了！你連抽煙都想到要禱告。」

每天改變一點點

語言的效果，其實是文字排列組合的結果，同樣的文字，不同的組合，會產生截然不同的意境。語言的魅力就在於此。

講究說話的品質

說話是一門藝術。一個不善於說話的人，很容易被人誤解，甚至惹出麻煩來。劉大就是個不怎麼擅長說話的人，常無端端的就得罪了人。

有一次，劉大在生日那天，請了朋友小張、小李、小王、小趙等人來家裡渴酒。小張、小李、小王都陸陸續續到了。可是快到開席時，小趙還不見蹤影。劉大著急的站在門口張望，並自言自語的說：「哎呀！該來的怎麼還不來呢？」

這時，小張正好站在劉大身旁，一聽這話，心裡就嘀咕著：「那我是不該來的！」

於是袖子一拂，氣憤的走了。

小李見小張拂袖而去，忙問劉大：「小李這是怎麼啦？」

劉大也感到莫名其妙，更加著急的說：「嘖嘖，不該走的卻走了。」

小李聽了，眉頭一蹙，暗想：「那我大概是那個該走的。」

於是他也不辭而別了。

劉大還不明究竟，攤開雙手對小王解釋說：「你看，我又不是在講的他們倆！」

小王一聽，起了疑心，心想：「不是講他們，那大概是在講我了。」

於是，小王也氣虎虎的站起來，邁開腳步出門了。

劉大更糊塗了。這時小趙匆匆忙忙的趕到，正在生悶氣的劉大向他抱怨說：「你呀，來得真不是時候！」

小趙一聽，二話沒說，轉身就走。

劉大呆呆的望著滿桌酒菜和空蕩蕩的客廳，不禁長歎一聲，對自己說道：「唉！我到底是哪兒說錯話了呢？」

●每天改變一點點

「良言一句三冬暖，惡語傷人六月寒。」你說的每一句話和說話的方式，將決定你的生活品質。

DAY 3

有時無聲勝有聲

演講、演講，當然離不開「演」和「講」了。但如果能聽一場既無「演」、也沒「講」的演講，也許會讓你記憶尤深。

在一次演講比賽會上，一個參賽者很有精神的走上講台，向大家宣佈說：

「我向大家演講的題目是『論堅守崗位』。」

她的語調甜美，吐字清楚。可是，剛說完這句話，就突然走下講台，向會場外走去。台下的聽眾個個面面相覷，先是小聲議論，接下來便彼此猜測，後來演變成喧聲四起、怒不可遏的情況。

這樣難堪的局面持續了大約五分鐘，演講者才慢吞吞的回到講台上，面對憤怒的觀眾。她等大家的不平之聲平息下來之後，便以充滿激情的語調說：

「如果我在演講的時候離開講台，是不能容忍的話，那麼，在工作時間內，紀律鬆弛、怠忽職守、擅離工作崗位，難道不應該受譴責嗎？我演講完了。」

會場上頓時安然無聲。隔了一會兒，聽眾席上突然爆發出一陣熱烈的掌聲。

每天改變一點點

「眼見為實，耳聽為虛」，想要向別人傳達自己的觀念，並不一定非得使用語言，有時是無聲勝有聲。

發揮讚美的力量

別人讚美你的時候，你會感覺幸福與甜蜜，並會在這方面更加努力。同樣的，當你讚美別人的時候，別人也會有這種感覺。

多說些讚美的話吧！激情和祥和就會由此產生。在這種溫馨的氣氛裡工作和生活，會讓你每天都有快樂的心情。在這種狀態下的工作效率，當然也是自在愉快。何況讚美的話並不難說，大家何樂而不為呢？

在同一公司的張小姐和王小姐，兩人素來不和。有一天，張小姐忍無可忍的對另一個同事李先生說：

「你去告訴王小姐，我真受不了她，請她改改她的壞脾氣，否則沒有人會理她的！」

「好！我會處理這件事。」李先生說。

以後張小姐遇到王小姐時，王小姐果然變得既和氣又有禮，與從前相比，簡直判若兩人。張小姐向李先生表示謝意，並且好奇的問他：「你是怎麼跟她說的，竟然發揮如此的神效？」

李先生笑著說：「我只是跟王小姐說，有好多人稱讚妳，尤其是張小姐，她說妳又溫柔、又善良、脾氣又好、人緣更佳……就這樣而已呀！」

●每天改變一點點

讚美聲是所有聲音中，最甜蜜的一種。用一種新發現的眼光去讚美別人，你會發現，相處其實很容易，它能讓你受眾人的歡迎，也能讓你的世界陽光燦爛。

DAY 3

多瞭解、多溝通

「有主見」常常是含有褒揚人的意味。但一個太有主見的人，往往不願意和別人溝通、交流意見，結果一不小心，就會給自己增添了麻煩。

丹麥有位教授，以演講聞名，各地社團及學校，都競邀他來演講。天體營有一個團體，也仰慕這位教授的大名，在團員一致贊同的情況下，決定邀請他到天體營作一場演講。

這位教授從未接觸過天體營，只知道天體營主張崇尚自然、回歸自然，在那裡的人，幾乎都是一絲不掛的。他一直在想：

他們邀請我去演講，我是否也要像他們一樣光著身子呢？

為了和他們打成一片，也為了表示尊重他們，教授最後決定光著身體去演講。

至於天體營這一邊，大家經過討論後，認為既然大家誠心誠意的邀請教授來演講，就應該尊重他，所以決定用一般人的禮儀來招待他，而不採用天體營的方式，以免他無法適應。於是決定那一天，大家都要衣衫整齊，盛裝的參加。

演講的日期終於到了，所有的燈光都打在講台上，當教授身上披著一件黑斗蓬，從幕後走了出來，站到講台中央時，雙手突然解開斗蓬，向旁邊一拋，露出光溜溜沒有穿任何東西的身體。他原想一定會獲得一陣熱烈的掌聲，沒想到聽到的，卻是從漆黑的台下傳來一陣驚訝聲。

當燈光慢慢移到台下時，教授才看清，原來台下所有的聽眾，都是盛裝以待，當時，他真不知道是該撿回那件斗篷來披著，還是在講台的地板上，找個洞鑽進去？

●每天改變一點點

人在任何時候，都不能自以為是。

DAY 3

懂得如何拒絕別人

時下追星族越來越多，連小孩都有心中的偶像。這不能不說是一種悲哀，因為明星雖然眩目，但他（她）並不能給你一套精彩的演技，或一副悅耳的嗓子，成天追慕他們有什麼用呢？

早期的西方電影明星洛依德將車開到檢修站，一個女技師接待他。她熟練靈巧的雙手和俊美的容貌，一下子吸引了洛依德。整個巴黎都知道洛依德，但這位姑娘卻絲毫沒有表示出一點驚異和興奮。

「妳喜歡看電影嗎？」洛依德忍不住好奇的問道。

「當然喜歡，我是個影迷。」女技師的手腳非常俐落，很快就修好了車，然後說：

「你可以開走了，先生。」

洛依德卻依依不捨的說：「小姐，我可以請妳和我去兜兜風嗎？」

「不行！我還在工作。」

「這也是妳的工作呀，妳修了車，正好親自檢查一下。」

「嗯……好吧！是你開車，還是我開？」

「當然是我開，是我邀請妳的嘛！」

車子行駛了一段路，情況良好。女技師便開口說：

「看來並沒有什麼問題，請讓我下車好嗎？」

「怎麼？妳不想再陪我了？嗯……我再問妳一遍，妳喜歡看電影嗎？」

「我已經回答過了，喜歡，而且是影迷。」

「那……妳不認識我嗎？」

「怎麼不認識，你一來我就認出你是影帝阿列克斯・洛依德。」

「即然認得，為何你待我這樣冷淡？」

「不！你錯了，我沒有冷淡，我只是沒有像別的女孩那樣狂熱而已。因為你有你的成就，我有我的工作。你來修車，就是我的顧客，如果你日後不當明星了，再度來修車，我也會一樣的接待你。人與人之間不是應該這樣嗎？」

洛依德沈默了。在這個普通女技師面前，他感到自己是那樣的淺薄與虛偽。於是對女技師說：

「小姐，謝謝妳！妳使我想到應該認真反省一下自己的價值。好的，我現在就送妳回去。」

每天改變一點點

大人物之所以高大，是因為你自己跪著看他。你仰慕他們頭上的光環，卻忽略了自己的生命與價值。每個人都有自己的一片天，別人能夠成功，你也能，只是通向成功的道路不同而已。

DAY 3

對不同的人說不同的話

說話要講究分寸，注意場合，同樣的意思，用不同的語言表達出來，結果也會有所不同，特別是針對不同的說話對象。因此，如何選取適當的語言，說適當的話，是人際間相當重要且不可忽視的事。

有一位面試主管問應徵者說：「你對電腦懂多少？」

應徵者回答說：「懂一點，我戴過電子錶，小時候玩過任天堂，房間有一台電視……還有，我看過同學用Dos開機兩次……」

面試主管面無表情的說：「下一位！」

（第二位應徵者進入）

面試主管又問：「你對電腦懂多少？」

應徵者回答說：「嗯，那要看是哪一種電腦了。一般的超次掌上型單晶片時脈輸出電腦（電子錶）比較簡單，我小學時候常使用它的解譯編碼作業流程（鬧鈴功能）。至於多功能虛擬實境模擬器（任天堂）就複雜得多，不過我曾經完整測試過許多靜態資料儲存單元（指玩Game破關）。

長大後，我對於複頻道超高頻無線多媒體接收儀器（電視），開始產生興趣，每天晚上都會追蹤特定頻道的資料（指八點檔電視節目）。至於傳統的電腦，我手下的一位工作夥伴（同學），經常在我的監控之下，進行主儲存的單晶體與磁化資料存取之間的信號交換（指Dos系統）……

面試主管點點頭說：「好的，你明天就開始來上班。你的配車在地下二樓，附車位，這是鑰匙……」

每天改變一點點

在解決問題時，通常會把複雜的問題簡單化；在嚇唬人時，才會把簡單的問題複雜化。很多所謂的「專家」，就是用一套深澀、專業的名詞，包裝簡單的常識，蒙蔽大家的。

受委屈時能夠自嘲

求人辦事時，難免會遇到被人拒絕的時候。那時到底是要一走了之，還是繼續相求，這就要靠我們的智慧抉擇了。最好的辦法，就是從容的面對現實，冷靜的分析問題，才能達到目的。有勇氣的人，心中總是充滿信念。

一位修女為了替孤兒院募款，特別去拜訪一位吝嗇的富翁。

當天非常不巧，富翁因為股票跌停，心情不佳，又看到修女來的不是時候，一時大為惱火，揮手就打了修女一記耳光。

但是修女既不還手，也不還口，只是微笑的站著不動，富翁更加惱怒，立刻開口罵道：

「怎麼還不快滾！」

「我來這裡的目的，是為孤兒募款，我已經收到您給我的『禮物』，但是他們還沒有收到禮物。」

富翁因修女的態度真誠，大受感動，以後每個月都自動送錢到孤兒院去。

DAY 3

每天改變一點點

原諒對方的冒失，有時可以收到驚人的收穫。自己受到委屈時，給自己一點幽默的自嘲，通常會喚起他人對你的理解。

換一個角度看待事情

成功的團隊中，榮譽屬於每一個人，但是鮮花和掌聲，卻不可能均勻的分配給每個人。團隊中的人，並不是該心繫著誰能得到更多獎賞，而是心繫著能不能獲得成功。這是一種美德，更是一種高尚的精神。

第一次登陸月球的太空人，其實有兩位，除了大家所熟知的阿姆斯壯外，還有一位是奧德倫。當時，阿姆斯壯所說的「我個人的一小步，是全人類的一大步」這句話，成為全世界家喻戶曉的名言。

在慶祝登陸月球成功的記者會中，有一個記者突然問奧德倫一個很特別的問題。他說：

「讓阿姆斯壯先踏上月球，成為登陸月球的第一個人，你會不會覺得有點遺憾？」

在全場有點尷尬眼神的注目下，奧德倫很有風度的回答說：

「各位，千萬別忘了，回到地球時，我可是最先出太空艙的人。」

他環顧四周，笑了笑又繼續說：

「所以，我是從別的星球踏上地球的第一個人喲！」

大家在笑聲中，給予他最熱烈的掌聲。

每天改變一點點

面對尷尬時，解救自己的最好方法，就是自嘲。當說話的對方鋒芒畢露時，換個角度說話是最明智的。

DAY 3

莫讓沒良心的話傷了你的心

有些人就像救世主，對什麼人都是熱心幫助，最後卻好心沒好報，毀在那些曾經得到自己幫助的人的手中。所以，對於那些貪婪的人，千萬不可以同情。

有一個善良的人士，常常接濟他住處附近的一個乞丐，每個禮拜他經過乞丐家時，都會固定施捨給乞丐幾百塊錢。後來那個善心人士結了婚，接濟的錢就減少了，改為一百塊錢。又過了一段時間，他有了小孩，只能給那個乞丐二十元。

沒想到乞丐看了看錢，居然把錢丟回還給他，並且很不高興的說：

「給這麼點兒錢，哪夠用呀！」

善心人很不好意思的說：「我已經結婚、生子了，所以給你的錢少了……」

乞丐居然還憤憤的說：「誰叫你把我的錢拿去養家活口的？」

對不知趣或者貪得無厭的人給予以幫助，無異是引狼入室。不如把善良的心，獻給善良的人。

給人溫馨的鼓勵

強力能夠劈開一塊盾牌，甚至毀滅生命，而鼓勵卻能使挫折變得如春雨般的溫和。因此，在人陷入絕望的境地時，給他一個愛的鼓勵，會讓他重振旗鼓，創造奇蹟。

棒球王貝比·魯斯，在他整個棒球生涯中，一共擊出了七百一十四支全壘打，被譽為歷史上最卓越的棒球選手。他的最後一支全壘打背後，卻隱藏一個令人感動的故事。

那時，名聞遐邇的魯斯，由於年事已高，已不再如往常一樣的身手靈活了。在守備上，由於他一再漏接，單單在一局中，就讓對方連下五城，而其中的三分，都是由於他的失誤所造成的。在那場比賽中，他已經連續被三振兩次了，似乎走上了英雄末路。

當魯斯快要第三度上場時，球賽已經進入最後一局的下半局，勇士隊兩人出局、兩人在壘，剛好又落後對方兩分。他舉步維艱的走向打擊區，聽見群眾們一陣陣的叫囂聲，震耳欲聾，奚落聲、嘲笑聲與噓聲不絕於耳。

魯斯下定決心不打了，隨即緩步走回休息區，向教練要求替換代打。

就在這一刻，一個男孩忽然躍過欄杆，滿臉淚水的展開雙臂，熱情的抱住了心目中的英雄。魯斯也毫不遲疑的抱起男孩，許久才放下，然後輕輕的拍拍男孩的頭。

這時候，一片寧靜罩滿球場。

魯斯又緩緩的走回球場，接著就擊出那支最具意義的全壘打。

每天改變一點點

人們往往因為缺少一句真愛的話來鼓勵，以致一蹶不振。

第4天・火煉是成功的必經

別為貪欲，錯失了機會
該放手就勇敢的放手
明白得失相互循環
明白禍福相生的道理
該輸的時候要認輸
不要強迫別人
強求終究會是徒勞
真金不怕火煉
有大海般寬闊的胸懷
用寬仁的心待人處世
蘊育包容的雅性
退一步海闊天空

DAY 4

別為貪欲，錯失了機會

炒股票的人，常有這樣的表現：當手中的股票開始賺錢時，便想著股票還會再漲，於是便等候不賣；當股票已經往下慘跌時，便又想著：前幾天那個高點都沒賣出去，現在如果賣出去，只能賺那麼一點錢，太划不來了。不行！得等到股票漲回高點再說。

就這樣，結果很多人成為套牢一族。

有個小孩到林子裡捕野雞，用的是一種最原始的捕鳥工具：一個用木棍支撐起的箱子，木棍上繫著的繩子，繩的另一端牽接到隱蔽的灌木叢中，由人拉著等待，只要野雞受到沿路所撒的玉米粒的誘惑，一路啄來，就會走進箱子。這時，守在另一端的人，只要一拉繩子，箱子的門就會關上，大功告成。

小孩支撐好箱子，藏起身後不久，就飛來一群野雞，共有九隻。牠們大概是餓了，不一會兒就有六隻野雞走進箱子。小孩本想要拉繩子，可是轉念又想，如果等到其他那三隻野雞也走進去，豈不更好？再等等吧！

於是又等了一會兒。沒想到，後來那三隻野雞，非但沒有走進箱子去，箱子裡反而走出了三隻野雞。

「好！再等一隻走進去，我就拉繩子。」小孩深感後悔的對自己說。

等了不久，箱子裡又有兩隻野雞走了出來。

小孩如果在這時候拉繩子，還能套住一隻。可是，他卻這樣想著：我對失去了好運很不甘心，總該要回一些吧！

小孩繼續等待著。終於等到連最後那一隻野雞，也從箱子裡走了出來。小孩更加不甘心，又白等了半天，可是，再也沒有半隻野雞走進箱子裡。

每天改變一點點

人的欲望是無法滿足的，然而機會卻是稍縱即逝。

DAY 4

該放手就勇敢的放手

捨得、捨得，有捨方有得。一味的追逐，只會讓負重感越來越重。適時的放棄，有時可以減少更大的損失。所以，學會放手，未嘗不是一種幸福、另一種擁有呢？

越戰期間，尼克森總統和美軍指揮官，一起討論戰況。

「將軍，我們出兵越南的目的是什麼？」尼克森總統問。

「征服敵人。」指揮官振振有辭的回答。

「你下一步要怎麼做？」

「我要增派四十萬大軍。」

「去年的這個時候，你說只要二十萬軍隊就夠了。我給了你二十萬軍隊，你平定了多少敵人？」

「事實上，我們到達後，敵軍的抵抗力量增加一倍……」

尼克森總統立刻說：「既然二十萬軍隊，會產生雙倍的抵抗力，那麼四十萬軍隊，是不是也會產生四倍的抵抗力？所以，我認為，繼續向越南派遣軍隊是不明智的。」

最後，尼克森決定，把美國脫出越戰的泥潭。

每天改變一點點

背著包袱是走，放下包袱也是走，那為什麼不放下包袱，輕輕鬆鬆的走呢？

明白得失相互循環

失戀是一件很正常的事。然而對於心態不同的人，會有不同的含意。

有位哲學家，晚飯後前往郊外散步，遇見一個人在那兒傷心的哭泣。哲學家問他為何如此的傷心，那人回答說：「我失戀了……」

哲學家聽完，竟然連連拍掌大笑道：「糊塗啊！糊塗！」

失戀人止住了哭泣，氣憤的質問他：

「有學問難道就可以這樣隨便的嘲笑別人嗎？」

哲學家搖搖頭說：「我並不是在嘲笑你，是你自己在嘲笑你自己。」

哲學家看失戀人不了解，便接著解釋說：「你這麼傷心，可見你心中還是有愛，可是對方必定無愛，否則你們也不會分手了，對嗎？

所以，你的愛還在，並沒有失去呀！你只不過是失去一個不愛你的人，你又何必傷心呢？我看你還是回家去睡覺吧！該哭的應是對方，不是你。她不僅失去了你，還失去心中的愛，多可悲啊！而且，你有什麼好哭的呢？反正舊的不去，新的不來嘛！」

失戀人聽完，破涕為笑，暗恨自己怎麼沒有想透這層淺顯的道理。

他向哲學家深深的鞠了一個躬，然後轉身離去。

每天改變一點點

所謂「塞翁失馬，焉知非福」。很多時候，得與失是一種主觀的意識，你認為失去了就失去了，你認為得到了就得到了。樂觀的人，會把一時的失去，當作是一種獲得；悲觀的人，即使獲得了，總是覺得不足。

明白禍福相生的道理

在工作或生活中，難免會遇到很多無法預知、又忽然而至的事情。有句俗話說「笑到最後的，才是笑得最好的」；另有句古諺說「福兮，禍之所倚；禍兮，福之所依。……塞翁失馬，焉知禍福。」。

這些諺語都是在告誡我們，事情沒到最後關頭，不要輕易的下結論。無論遇到什麼事情，都不要氣餒，不要輕易言敗，因為這些挫折，或許會是一種幸福也說不定。

有位探險家，帶著一位挑夫，深入蠻荒去探險。探險家在切椰子的時候，不小心切斷了自己的一根手指頭。一旁的桃夫看見，立刻大叫說：「太好了！老天的恩典降臨到你了。」

探險家對桃夫所說的話，十分惱怒，一氣之下，就將這名挑夫推到一個深坑裡，然後獨自繼續未完的探險路程。

第二天，一群獵頭族捉住了探險家，正打算割下他的人頭作為祭品時，突然有人注意到他的一根手指頭不見了。獵頭族人認為，這樣便是個不完美的祭品，於是就把他放了。

探險家連忙趕回到深坑邊，救起挑夫，並向他道歉。

「沒必要道歉，你把我丟在這裡，也是老天對我的一個恩典。」挑夫說。

「這又是怎麼說呢？」探險家又是一臉大惑不解的問道。

「因為如果我跟你一起走，那些獵頭族人，可能就會把我替代你去當祭品了。」

●每天改變一點點

老天有兩個住處；一個在天堂，另一個是在溫良及感恩者的心裡。與人為善，就為結局起了個好的開始。最後無論是得是失，都是公平的命運，無須抱怨。

該輸的時候要認輸

「問曰：世人輕我、騙我、謗我、欺我、笑我、罵我、辱我、害我，何以處之？答曰：唯有敬他、容他、讓他、耐他、隨他、避他、不理他，再過幾時看他。」

要贏得起，也要輸得起。勝敗乃兵家常事，有時不必太在意得失。如果輸一次，能成就一個人的成功，那輸一次又何妨。就算輸了結果，卻贏了過程。

清朝名臣左宗棠喜歡下棋，而且棋藝高超，少有敵手。有一次，他微服出巡，在街上看到一個老人擺棋陣，並且在招牌上寫著：「天下第一棋手」。

左宗棠覺得老人太過狂妄，立刻前去挑戰，沒有想到老人不堪一擊，連連敗北。左宗棠洋洋得意，命他把那塊招牌拆了，不要再丟人現眼。

當左宗棠從新疆平亂回來，見老人居然還把招牌子懸在那裡。他很不高興，又跑過去和老人下棋，但是，這次竟然三戰三敗，敗得落花流水。第二天，不服氣再去，仍然慘遭敗北。

左宗棠很驚訝，不明白老人為什麼在這麼短的時間內，棋藝能進步如此快速？

「你上次雖然微服出巡，但我一看，就認出你是左公，而且知道你即將出征，所以讓你贏，好使你有信心建立大功。如今你已經凱旋歸來，我就不必再客氣了。」老人笑著回答說。

左宗棠聽了，當場心服口服，不得不相信「人外有人」。

每天改變一點點

DAY 4

「忍一時，風平浪靜，退一步，海闊天空。」退一步，換個角度看待事情，就能向另一方向的前進。

不要強迫別人

與人方便，就是給自己方便。永遠不要強人所難，否則，自己也會陷入痛苦的深淵。

鋼琴家亞瑟・史凱納伯的琴藝出眾，但他生平最不願意做的一件事，就是演奏結束之後，繼續表演安可曲。

可是，有一次，當他在巴黎表演時，聽眾卻不管他肯不再演奏，一直鼓掌不停。經過好長一段時間的拉鋸，史凱納伯拗不過，終於屈服下來，同意再彈一曲。

他坐下來的時間，是零晨一點四十分，當他彈完站起來的時間，已經是淩晨五點五分了。他彈了一支連續三小時又二十分的長曲子。

從此，各地的聽眾再也不敢勉強他了，這也是他唯一彈的一首安可曲。

每天改變一點點

處人不可任己意，要悉人之情；處事不可任己見，要悉事之理。

強求終究會是徒勞

「是你的，想甩也甩不掉；不是你的，想得也得不到。」

過於強求得到某種東西，就不會快樂、也不踏實，尤其是去和別人比較，更會讓你痛苦。

有一群火雞，每天看見老鷹在天空飛翔，禁不住的欣羨牠們好自在，好神氣！

有一天，火雞媽媽要求老鷹，教教牠的小火雞如何飛翔，老鷹很快的答應了牠的要求。

於是從當天起，老鷹每天為小雞做密集的訓練，教導這些火雞如何飛翔。

為了兩方都方便起見，就選在雙方住處中間的地方，當作訓練的場地。

從此以後，所有的小火雞都非常認真的學習，老鷹也非常認真的教。一周過後，老鷹說：

「該教的我都教了，你們都學會了嗎？」

小火雞齊聲回答：「學會了。」

老鷹帶著微笑大聲的說：「那麼，你們可以畢業了。」

那群火雞聽說已經學會飛翔畢業了，一個個都高興得手舞足蹈。老鷹這時又大聲的說：

「現在你們趕快回家，告訴你們的媽媽……」

小夥伴排著整齊的隊伍、嘴裡喊著一二一、一二一、踏著歡欣愉快的腳步「走」回家。

每天改變一點點

改變如果只局限於表面，那只是毫無結果的徒勞。

真金不怕火煉

俗語說：「最貧是無才，最賤是無志」。一個人有才有識，便是他最大的財富。

有一位著名的小提琴家，在一次演奏會中，發現手上所拿的小提琴，居然不是自己平日所珍愛的那把名琴，而是一把破損不堪的舊琴。原來是事前被人故意掉包，存心要讓他在演奏會上出醜。

他心中非常懊惱，但是演奏時間已到，他必須上台表演。上台後，他對聽眾說：

「今天這我要證明一件事給各位看，那就是音樂並不是在樂器裡，而是在人的心裡。」

說完，他就用心的演奏起來。

聽眾從那把破舊的小提琴中，聽到了一陣陣悠揚、悅耳的音樂，個個如癡如醉。在演奏結束時，大家都給予最熱烈的掌聲，肯定他的音樂才華和演奏技巧。

DAY 4

●每天改變一點點

所謂「真金不怕火煉」，只要你肚中有真才實學，便能經得起任何的刁難和考驗。

DAY 4

有大海般寬闊的胸懷

心胸寬闊的人，會用一顆平靜的心，去面對眾人。所以，他的生活永遠爽朗開闊。唯有能夠接受自己缺陷和不足的人，才能得到別人真正的認同。

有一所地勢較高、能看到大海的中學，上課時，從教室就能看到變化無窮的大海。那年約有八十名新生入學，其中大多數是那些與大海搏擊的漁民子弟。

有一天，老師為新生上第一次課時……

「起立！」

全體新生都都站了起來。

因為是新生，所以大都特別認真，教室出現短暫的寂靜。這時，老師發現有一名學生在耍性子，根本沒有起立。

「站起來！新生一開學就用這種態度，怎麼可以？」老師用嚴厲的語氣對他說。

這時，由那位同學的坐位處，傳來一個聲音：「老師，我是站著的喲！」

這位同學的確是站著，只是由於個子太矮，看起來像是坐著。

「糟糕！」

老師頓時覺得不安，仿佛做出什麼錯事似的，很為自己的粗心而感到抱歉。但一時之間，竟不知說什麼好，而且如果在此時道歉，反而會傷同學的自尊心。於是，這位老師只好隨口說了一聲「對不起」。

周圍的學生頓時都笑了起來。

下課後，老師本想找個機會道歉，但忙亂之中竟把這件事忘了。

第二天，天空晴朗無雲，春天的大海碧波蕩漾，老師又為這個班級上了第二次課。

「起立！」

又是短暫的寂靜。忽然，傳來一個洪亮的聲音：

「老師，我是站著的喲！」那位矮個子同學，站在椅子上微笑的說著。

老師覺得眼前一暗。但從矮個子同學的微笑中，可以看出他一點也沒有諷刺意味，更沒有抗議的情緒表露，彷彿輕描淡寫的在說：「老師，沒關係，不要為我擔心。」

這樣體諒人的寬大胸懷，讓這位老師的心口，感到一陣隱隱作痛。

晚上，老師懷著複雜的心情，撥了一通電話給矮個子同學。

「老師，別在意，別在意……」

電話中傳來一個爽朗又充滿稚氣的聲音。

老師長久無語以對。想著明天的天空，想必還是晴朗無雲，大海一定碧波蕩漾吧！

每天改變一點點

一個人如果能夠把詛咒、怨恨都放下，用大海般的胸懷去寬容他人，生活中還有什麼事情，會讓你失去笑容的呢？

用寬仁的心待人處世

「捨生取義，殺身成仁」，這是一種很高的精神境界，從古到今，一直被奉為做人的標準。能以博大的胸懷去容忍仇恨，是一種大器，能容人所不能忍者，方能容天下。

春秋時期，晉國有一個義士，名叫豫讓。最先他是替范中行氏做事，范中行氏對他很刻薄，他氣不過，就投靠知伯。

知伯十分器重他。後來知伯被三晉打敗，土地被瓜分，自己也被三晉的趙襄子殺害。豫讓為報知伯的「知己」之恩，從此，千方百計的要為知伯報仇。

首先，豫讓扮成一個殘疾的人，到趙襄子家裡，假裝為趙襄子粉刷廁所牆壁，伺機要殺死他。趙襄子上廁所時，忽然覺得心跳得厲害，預感有人要謀害他，便叫人把刷牆的人抓來，一問之下，發現原來是豫讓化裝的。

趙襄子知道豫讓是為知伯報仇而來的，估念他是個義士，就將他釋放了。

後來，豫讓又用漆塗在身上，剃去鬍鬚和眉毛，毀了容貌，扮做一個乞丐，連他的妻子都認不出他來。可是，說話聲音沒有改變。於是，他又吞炭讓聲音變啞，然後躲在趙襄子必經的一座橋下面，等待時機。

趙襄子來到橋頭，剛要上橋時，他的馬突然驚叫起來。趙襄子猜測大概又是豫讓要來行刺他了，便叫人四周搜查。果然，在橋下抓到了豫讓。

「豫讓，你替知伯報仇，別人已經知道你講義氣的名聲了。但是，我不能再釋放你了，只能成全你要捨生取義的義舉。」趙襄子見了歎息道。

豫讓也被趙襄子的仁義所感動，請求趙襄子把身上穿的袍子脫下來，讓他在袍子上刺了三刀，然後自殺身亡。

每天改變一點點

豫讓的捨生取義，讓人敬佩不已，而趙襄子的仁義，卻也令人感動莫名。用寬恕和包容，取代怨恨和責怪，心靈才能得以超脫。

蘊育包容的雅性

粗魯暴躁的人，任情緒來控制自己的行為，而優良品性的人，心中自有一片天地，會根據自身的原則或價值觀來行事。

有個將軍性情十分暴躁，而且很粗魯；他的一位部屬，則是個虔誠的基督徒。

有一次，他們在野外紮營，晚上臨睡前，這個部屬仍像往常一樣跪在睡袋邊禱告。將軍看見部屬的行為時，臉上掛著輕視的笑容，順手把骯髒的靴子向他丟過去。部屬略受驚嚇，但是仍然繼續禱告，禱告完成後，就躺進睡袋。

第二天早上，將軍赫然發現他那隻骯髒的靴子，被抹得閃閃發光，並且放在他的床邊。

這一件事使他終生難忘，也徹底改變了他對人的態度。

●每天改變一點點

優良的品性，是內心真正的財富，而襯托優良品性的，是良好的教養。

DAY 4

退一步海闊天空

「忍一時，風平浪靜；退一步，海闊天空。」

逞一時口舌之快，論一番舌劍刀槍，事情的結果，並不會因此而如己所願，有時甚至還會有惡果發生。所以，何不任自己的個性風格發揚一下，回頭看看海闊天空，相互的寬容，自會出現一條「六尺巷」的餘地。

清代大臣張英，在京城當官時，家人來信告知，正為築牆的事與鄰居打官司。於是張英賦詩一首，託人帶回家。詩詞是：

「千里捎書只為牆，讓他三尺又何妨？長城萬里今猶在，不見當年秦始皇。」

張英這種大氣度感染了家人，讓出了三尺地面，也感動了鄰居，同樣讓出了三尺地面。這種彼此相讓的美德，流傳於後世，而那一條巷子也被稱為「六尺巷」。

每天改變一點點

尊重是相互的，你不計較對方的錯誤，反而能使對方，很快認知到錯誤。

第5天・堅持與恆心是必勝基石

有努力才會有成功

不少的人常自以為是，認為自己似乎什麼都懂，每一個行業只要涉足個三天，便儼然以行家自居，瞧不起這個，也看不起那個，結果不論到哪一個行業工作，都還是外行，什麼事也做不好。

不管是學畫畫，還是生活中的任何事情，凡事只急切的想追求成功，卻不肯下苦功夫，只想找捷徑，最後一定是無法達到目的的。

這是一位教了五十年油畫的老師的親身經驗。

有一次，他為美術院油畫班一年級的新生上課。上課前，他調看了該班二十三名學生的全部考試資料，發現有位名叫查理的學生，所畫的一幅自畫像油畫，讓他歎為天才之作。

憑他油畫多年的經驗，這名學生只要受完四年美術院的專業訓練，必定能成大器。因此，在給該班上第一堂「調色」課時，特地多叮嚀了查理一番，向他強調「調色」的重要性。

哪知道查理露出一副很不耐煩的表情說：

「老師，你太囉唆了。我想提醒你，這兒不是幼稚園，我們不需要從幼稚園學起。」

這個舉動令油畫老師大失所望，但還是苦口婆心的勸查理不要性急，告訴他打好基礎的重要性。可是查理一意孤行。後來，查理更以浪費青春為由，退了學。

三十年過去了，再也沒有見到天才查理的油畫，一顆流星還未發亮，就這樣隕落了。

●每天改變一點點

大廈無論怎樣堅固，基礎不牢，終將坍塌。做學問也是要老老實實的學，不得有半點虛假。

經得起過程的考驗

痛苦是每個人前進路上必經的溝渠，承受它並逾越它，才會走得更遠。就譬如登山人要想登上山頂，就必須以堅實的步伐、堅強的毅力，完成每一步艱苦的跋涉，才能成功。

DAY 5

火是黃金的考驗者，災難是堅強人的考驗者。

「我真是痛苦不堪，那又重又粗的砂粒，在我體內滾來滾去，常常使我痛得不能休息。」有一隻蚌對另外一隻蚌說。

「謝天謝地，我的體內沒有被砂粒折磨的痛苦，我裡裡外外透體都很舒服。」另一隻蚌卻驕傲自得的回答。

這時有一隻螃蟹經過，聽到兩隻蚌的對話，便對那隻驕傲的蚌說：「是啊！你現在是很舒服，但是將來卻一無所得；而你的朋友現在忍受著痛苦，將來卻會生出一顆非常美麗的珍珠。」

痛苦給予這隻孕育珍珠的蚌，是一種成功過程的考驗。

每天改變一點點

不要貪圖安逸，這樣你會一無所獲。不要害怕吃苦，因為吃苦是幸福人生的前奏。

及時切斷負面的影響

以冷漠的態度面對困境，越不在意它，越忽略它的存在，它就會知趣的退出了你的周圍。「越在意的事情越來」，這是一種思維的迷失。如果要想從中走出來，就需要忘記身處的環境，而忘記，需要你的勇氣。

成功需要堅強，需要執著，更需要擁有一種成大事的心態。當然，這種心態，你一定會擁有！

有三位年輕的勇士，決定參加一次勇敢者的遊戲比賽：徒步穿越一片大沙漠，不借用任何工具，也不許中途喝水、吃飯，除非發生危險，才能使用隨身攜帶的唯一通訊工具，向總部呼救。誰最先穿越過沙漠，誰就是勝利者。

三位勇士出發了。

剛開始的那一半路程，非常順利，三人的速度與進度都不相上下。接下來，便真正要迎接嚴酷的考驗：驕陽高照、暑熱難當、口渴難耐。

DAY 5

過了一陣子，三人中的兩位停了下來，商量著如何找到水喝，解決口渴的問題。其中一位說要設法到附近去找找看，另一位則說乾脆用隨身帶的手機與總部聯繫，認為不然非渴死在沙漠不可。只有第三位一聲不吭，一步不停，繼續往目的地走去。最後，果然是第三人奪得了比賽的勝利。

兩位失利的勇士問他：「難道你有耐渴的特異功能？」

「在那個時候，反正喝不到水，一直說渴有什麼用呢？倒是現在，經你們這麼一說，我倒記起我那時是多麼的渴了！」

冠軍勇士說完，「咕嚕嚕」的仰頭喝了三大杯水。

每天改變一點點

當你明知不可為時，為什麼一定要抓住不放，而不放手呢？圍住它不放，只能讓你身陷其中，不能自拔。何不轉換另一種思路，設法走出來，完成一種超越。

DAY 5

把失敗當作成功的步驟

成功從來不是唾手可得般的容易。歷經坎坷、遭遇挫折，是每一條成功路上的必經過程。如果要想逾越，就必須超越在坎坷和挫折之上，正視坎坷，解決挫折，你才能接近成功，到達彼岸。坦然處之，把坎坷和挫折當成一種準備，你就不會認為困難就是失敗。以一種積極的心態做事，這是成功的必要條件。

湯瑪斯・愛迪生一生發明了許多東西，但也經歷了無數次的失敗，甚至為此失去了一隻耳朵的聽力。就以發明燈泡為例，他就經歷了大約兩千五百次的失敗。

「愛迪生先生，你經歷了這麼多的失敗，為什麼不像別人那樣就放棄呢？你對失敗有什麼感想？」

在一次宴會上，一名記者這樣問他。

「先生，我之所以成功，就是因為我從沒失敗過一次。」愛迪生回答道。

「你說……沒有失敗過一次？」記者不解的反問道。

愛迪生解釋說：「別人認為的失敗，在我看來，卻是發明過程的步驟。譬如我發明了燈泡，那整個過程剛好有兩千多個步驟，而我只是完成了它罷了。」

每天改變一點點

要想採摘成功的花朵，就得解除途中設置的每一個障礙。在每一個艱難的路口，積極的選擇，生命的光彩才能縈繞你四面八方。

天生我才必有用

相信自己，這是一種信念。它會像航行標的一樣，指引你向目標前進。

每個人都有自身的價值所在，關鍵在於能發掘自己的潛力，相信自己的能力。別人的看法和態度，代表不了、也否定不了你自己，只要你還是你自己。

有一個半聾的男孩，放學回家後，哭著把老師轉交的字條拿給媽媽看。媽媽一看，老師在紙條上寫著：「由於你的孩子太笨，根本不能跟上學習，拖累了全班的進度。為了大家好，希望你的孩子能自動退學。」

這孩子的母親看完紙條的內容後，難過極了，甚至傷心落淚以致哽咽。可是，她最後堅定的對自己說：「我的兒子湯姆絕對不笨，不會跟不上學習，老師不教，我自己來教。」

經過這位偉大的母親親自教育，你知道嗎？這位老師認為朽木不可雕的學生湯姆，多年後，當他去世時，美國人在晚上九點五十九分，全國熄燈一分鐘，為的就是紀念這位學生——電燈的發明人湯姆·愛迪生。

愛迪生這位發明大王，後來不但發明了電燈，也陸續的發明了放映機、留聲機及其他一千多種產品。

●每天改變一點點

學會取捨，學會忘記，對於別人的評價，尤其是否定方面的評價，要多分析。最忠懇的評價，來自於你日後的成就。

有理想就有前途

不想當將軍的士兵，不是好士兵。同樣，不想當老闆的員工，也不是好員工。

心存偉大的理想，是你前進的動力。你會把這理想，當做一座高峰去攀登，你會由此而加倍的努力。無論現在你從事什麼工作，都要把它看做成就事業的一部分。視角開闊，你才會看見整個森林。

三個工人一同在砌一道牆。有人過來問：「你們在幹什麼？」

「沒看見嗎？在砌牆。」第一個人沒好氣的回答。

「我們在蓋一幢高樓。」第二個人抬頭笑了笑。

「我們正在建築一個新城市。」第三個人邊做邊哼著歌曲，他笑得很燦爛、開心的說。

十年後，第一個人在另一個工地上砌牆；第二個人坐在辦公室中畫圖紙，他成了工程師；第三個人呢，是前兩個人的老闆。

每天改變一點點

你手頭的小工作，其實正是大事業的開始，能否意識到這一點，意味著你能否做成一項大事業。你心裡裝著世界，世界才肯為你精彩。

執著就成信念

只要不斷的燃著希望之火，就必不害怕難以忍受的黑暗。

信念是一種執著。雖然看不見、摸不著，但卻能時時感覺到它的存在。它是一種支撐力量，支撐你向前，支撐你偶爾的失利所帶來的沮喪。它如同一處美麗的風景地，讓你無比堅毅的要去奔赴。信念也像是一個安全的港岸，等著你去靠航。

小盲人跟著老盲人學彈琴，他們彈著琴弦，相互攙扶著四處流浪。

「師傅，我們的眼睛還有復明的希望嗎？」有一次，小盲人問老盲人。

「當琴弦彈斷到一千根時，我們的眼睛就可以復明了。」老盲人回答。

可是，老盲人一生只彈斷了九百九十九根琴弦，就去世了。他沒有見到光明。

小盲人依著老盲人指點的道路，繼續走著，歲月讓他也變成了老盲人。他帶了另一位小盲人，給他傳述了同樣的信念。終於有一天，老盲人拚盡力氣，彈斷了一千根琴弦。小盲人激動的問道：「師傅，你看到光明了嗎？」

老盲人眼前仍是一片漆黑，他這才發現，師傅生前的預言，並沒有實現。可是，老盲人頓時醒悟過來，便他對小盲人說：「看見了，我看見了光明，那是希望的光明。」

每天改變一點點

「黑夜給了我黑色的眼睛，我卻用它尋找光明。」其實，尋找光明的本身，就是一種至高無上的信念。

做事有恆心

凡事盡力而為，半途而廢者，永無成就。你做到這點了嗎？

有一個高中生耐性不夠，做一件事只要稍稍有點困難，就很容易氣餒，不肯再鍥而不捨的做下去。

有一天晚上，父親給了他一塊木板和一把小刀，要他在木板上切一條刀痕。當他切好一刀後，父親就把木板和小刀，鎖進他的抽屜裡。

此後每個晚上，他父親都要他在切過刀痕的木板上，再切一次。這樣持續了好幾天，直到有一晚，一刀下去，竟然把木板切成了兩塊。

「你大概想不到，這麼一點點力氣，竟然能把一塊木板切成兩片吧？人一生的成敗，就像刀切木板一樣，不在一次用多大的力氣切，而是在於是否能持之以恆的切。」這時父親才對他說了一番道理。

每天改變一點點

DAY 5

明白「水滴石穿」的道理，就會懂得，只要堅持不懈，什麼事都可以做到。

堅持到最後

把九百九十九次失敗，都當做第一次，就沒有所謂的「結束」，只有「開始」了。第一千次的成功，就是對付出的肯定。靦腆、害羞、恐懼，這些不是你特有的，這是人性中潛在的弱點。它需要你不斷的鍛煉，衝破這層牢籠，從而不斷的完善自己、成就自己。

一位初次登台演講的小學生，在一千多人的學生家長會上致辭，演講中途卻忘了台詞，最後不得不在老師的提示下，聽一句、念一句的完成了剩下的演講。不用說，那位小學生非常尷尬，小學生的父母更是惶恐不安，無地自容。

「真是對不起！老師。」小學生的父母不安的對老師道歉說：

「我的孩子讓您下不了台了……」

「下不了台？為什麼這樣說呢？」老師反問道。

「因為我的孩子把一切都搞砸了……他演講失敗了。」孩子父母回答說。

「千萬別這麼講！相反的，我今天發現了這位學生身上最可貴的東西。」

老師摸著已經慚愧不已的小學生的腦袋說：「你們替他想過沒有？面對一千多名大人、小孩參加的盛會，一個小孩遇到困難，卻還要硬著頭皮堅持完成這項工作，這需要多大的勇氣啊！如果他選擇退縮，對他可能會更容易些。可是，他沒有。這點，有時連我們大人都很難做到呢！」

小學生聽了老師的話，慢慢恢復了自信，後來，他成了著名的演說家。

●每天改變一點點

成功有時候，就是完成一次自我的超越。戰勝了自己，就戰勝了整個世界。不能勝過自己的心，如何能勝過蒼穹。

DAY 5

別讓慣性嚇唬了自己

越害怕的事，越會光臨你。所以，需要鼓起勇氣去面對。

看見別人因某事失利的時候，千萬不要抱著幸災樂禍的心，揣測別人的結果，想像自己的未來。時機、經歷再加上努力，以及別人的經驗，完全可以讓你擁有一個完全不同的結果。掃除心靈的定勢思維，才能擁有你想要的。

慣性不只是一個物理名詞而已，生活中的慣性處處可見，心靈也不例外。

德國法西斯在第二次戰爭期間，做了一個這樣的心靈慣性例子：

德國軍官將抓到的兩名猶太人，帶到一個大草坪，把其中一個戰俘綁在一棵大樹上，旁邊放了一個大水桶。把另一個戰俘放在距樹大約十公尺的地方，面對著那位被綁的戰俘。被綁的戰俘被罩上了眼睛。

這時一個德國軍官走到被綁的戰俘面前，用一把銳利的刀，迅速的將他的手腕割開。鮮紅的血如流水般，流入大水桶中。大約十分鐘後，戰俘的臉色慘白。

觀看的戰俘不禁為之膽寒。

後來血流的聲音慢慢減小，又過了十分鐘，那位戰俘的臉色已經完全失去血色，變成蠟黃色。血流不斷減弱，血珠像斷線似的一滴一滴的滴在大桶中，濺起鮮紅的血花。又是十分鐘過去了。那位戰俘的臉色越來越難看，最後脖子一歪，死去了。

坐在對面的戰俘，目睹著這一切，他的心一陣陣的發緊。

第二天，德國軍官把昨天旁觀的戰俘，用布蓋住眼睛，綁在那棵大樹上，同樣在他旁邊放著一個大水桶。然後，德國軍官用一塊冰在那人的手上劃了一下，接著便模仿昨日那人流血的速度，往大水桶中倒水。

十分鐘後，昨天旁觀的戰俘臉色變得蒼白。德國軍官減少水流，又過十分鐘後，戰俘臉色由蒼白轉為蠟黃。又十分鐘後，同樣的結果，那人脖子一歪，也死了。

令人驚異的是，他的手腕毫無損傷。

每天改變一點點

打破慣性思維，用平和的眼光泰然處事，坦然做人。生活永遠沒有想像中的艱難。

DAY 5

掌聲會為堅強者響起

頑強的意志，是一種打不垮的精神。堅持到最後，然後才能得到勝利。成敗有時候看的並不是最後的結果，而是你對事情本身所付出的努力程度。只要你以頑強的心，堅持到最終，就等於戰勝了自我。鮮花和掌聲對於意志的鼓勵，勝於對結果的讚賞。只要你擁有那種精神，成功就會隨之而來。

在一次運動會上，最後一個項目是馬拉松比賽。大家都把眼睛集中在一個來自非洲的小黑人身上。人們把他稱為「跑步機器」，他已經連續兩屆都奪冠了。

當比賽的槍聲一響，小黑人就一馬當先，跑到最前面，他越跑越快。人們都在為小黑人加油，大家都在議論，這次冠軍又非小黑人莫屬了。

當小黑人跑到離終點大約一千公尺的轉彎處時，一不小心摔倒在地。

小黑人摔得不輕。從電視畫面上，看到小黑人十分痛苦，大家都在替小黑人擔心。但是，小黑人還是勉為其難的爬了起來，一瘸一拐的向前艱難的走著。

幾分鐘後，許多運動員超過了小黑人，但小黑人還是堅持往前走。可能是小黑人疼痛難忍，又在一個拐彎處摔倒了。這一次小黑人摔得更重，臉上流出了血，小黑人顯然已經痛苦萬分。

「完了，這下完了，別說冠軍，就連前幾名也可能沒有指望了。」很多人這時都開始替小黑人惋惜。

小黑人掙扎著想再爬起來，但怎麼也爬不起來。只見小黑人咬緊牙關，臉上的血繼續往下流著，他還在那裡不斷的往前爬。

許多人都忍不住叫他放棄了：「算了吧，沒有希望了，放棄吧！」

但是小黑人還是堅持不放棄。

這個時候，主持人宣佈：「冠軍產生了，接著第二名、第三名、第四名……產生了。」

當主持人宣佈比賽結束的時候，有人在喊：「小黑人還在比賽。」

只見小黑人還在那裡慢慢的向前爬……這個時候，全場響起了雷鳴般的掌聲，所有的人都在為小黑人加油，為小黑人鼓掌。大家都不去管誰是冠軍？誰是第二名？所有的人都在為小黑人喝彩！

每天改變一點點

生命的取向，是非常重要的選擇。跌倒了，再爬起來，無論最後成敗與否，你都會是英雄。

堅持到底，成功就是你的

很多人都有過這樣的經歷：最後一趟班車，總是在內心感到絕望的時候到來了。其實做任何事情都是一樣，堅持到最後的就是勝利。成功從來都不會讓一個持之以恆的人空手而歸。

一個農場主人在巡視穀倉時，不慎將一隻名貴的金錶，遺失在打穀場裡。他遍尋不著，便在農場門口貼了一張告示，要人幫忙尋找，酬謝金是一百美元。

面對重賞的誘惑，許多人都賣力的四處翻找。無奈場內的穀粒成山，還有成捆成捆的稻草，要想在其中找尋一塊金錶，有如大海撈針，談何容易。

大家忙到太陽下山，仍沒有找到金錶。大家不是抱怨金錶太小，就是抱怨打穀場太大、稻草太多，一個個放棄了一百美元的誘惑。最後只剩下一個穿破衣的小孩，在眾人離開之後，仍不死心的努力尋找。

小孩已經整整一天沒有吃飯了，他希望在天黑之前能找到金錶，解決一家人的吃飯難題。

天越來越黑，小孩在穀倉內堅持的尋找著，突然他聽到一切喧嘩靜下來之後，出現的「滴答、滴答」聲，正不停的響著。

小孩立刻停止翻找，穀倉內更加安靜了，「滴答、滴答」的聲響，在靜夜裡格外的清晰。

小孩循聲找到了金錶，得到了一百美元。

每天改變一點點

成功的法則其實很簡單，而成功者之所以稀有，是因大多數人，都認為這些法則太簡單了，沒有繼續堅持。這個法則就叫「執著」。

第6天・善良就是你散發的清香

美德勝過美貌

「懿行、美德，遠勝於美貌」。

一個人單單講求外在的美，永遠不會比講求心靈美的人更受歡迎。容顏能隨年紀老大，而變得衰老不堪，但美好的心靈，卻會讓你越來越美好。

在學校裡，有一個長得很醜的女孩，學校的人常常譏笑她，甚至給她取了一個外號——「醜八怪」。每當別人這樣叫她時，她都氣得要命，有時甚至氣得大哭起來。

有一天，當她又因為別人的取笑，而痛哭失聲時，有一位慈祥的老工友經過，問明原因後，老工友教給她幾個變漂亮的祕方：

第一、臉上常常掛著笑容，碰到同學就親切的打招呼。

第二、絕不自怨自艾，不再去管自己的長相如何。

第三、樂於幫助別人，用一顆善良的心去服務別人。

老工友告訴她，只要切實遵守這些祕方，三個月後，保證她會變成全校最美麗的姑娘。

醜女孩聽了老工友的話之後，全心全力的去實踐這些祕方。沒過多久，她果然成全校同學最喜歡、最有人緣、最樂於相處的人了。

每天改變一點點

美好的德行，能填補容貌的缺陷，而美好的容貌，卻永遠填補不了德行的缺陷。

知道如何付出

做事要動腦筋，如果不動腦筋做事，往往會使事情弄巧成拙。同樣的目的、不同的做法，結果也大不相同，會動腦筋的人，能做得恰到好處，而不會用腦筋的人，則常常是事與願違。

從前，有兩位富翁，都有一顆助人的善心。富翁甲建了一棟大房子，他特地要建築師們在臨街的那面牆上，開一扇門，並沿著牆搭蓋一圈遮雨蓬，讓那些貧苦的小商販、扁擔族們，可以在遮雨蓬的庇蔭下做生意。所以，房子蓋好後，一時之間，當地熱鬧非凡。富翁甲還特地打開臨街那扇門，在屋裡設置坐椅，免費供應茶水。

可是，沒過幾天，這兒就變得面目全非，到處是垃圾；富翁免費提供的茶具、坐椅，也被人偷個精光。更糟的是，有一天深夜，在臨街敞開的一個房間裡，死去了一個乞丐。不明究理而憤怒的群眾，紛紛大罵富翁甲為富不仁。

富翁乙則是把自家臨街的牆拆除，建成一排門面，租給小商販們。他把收來的租金拿出一小部分，捐給福利機構，建了一棟大樓房，樓房接待了一批又一批前來求助的窮人。

在這棟大樓房的牆上，刻著富翁乙的名字。到這兒來求助的人，都記住了這個名字，出去以後，逢人就誇獎富翁乙是個大善人。

兩位懷著相同善心的富翁，得到的評價卻是如此的截然不同！

每天改變一點點

做事要講究方法。並不是所有的善舉，都能結成善緣，成就善果。能把好事真正做好，才是有智慧的善者。

別忽視小善舉的功德

一滴水雖然沒辦法匯成河流，但水流卻可以聚成一片汪洋；一粒沙雖然堆不成小山，但沙土卻可以聚成珠穆朗瑪峰。做一小件好事，也許算不了什麼。但一個連小件好事都不願意做的人，永遠也不會做出大好事。

在暴風雨後的一個早晨，一個男人來到海邊散步。他一面沿海邊走著，一面注意到沙灘的淺水窪裡，有許多被昨夜的暴風雨打上岸的小魚蝦。小魚蝦被困在淺水窪裡，回不了大海，雖然大海就近在咫尺。

被困的小魚蝦也許有幾百條，甚至幾千條。用不了多久，淺水窪裡的水就會被沙粒吸食，被太陽蒸發，這些小魚蝦早晚都會乾死。

男人繼續向前走著。

忽然，他看見前面有一個小男孩，走得很慢，而且不停的在每一個水窪旁，彎下腰去，撿起水窪裡的小魚蝦，並且用力把牠們扔回大海。

男人停下了腳步，注視著這個小男孩，看著他拯救小魚蝦生命的過程。

終於，男人忍不住的走了過來，問小男孩：「孩子，這水窪裡有幾百、甚至幾千條小魚蝦，你救不完的……」

「我知道。」小男孩頭也不抬的回答。

「哦？那你為什麼還要救？有誰會在乎呢？」

「這條小魚在乎呀！」男孩兒一面回答，一面拾起一條魚扔進大海，然後氣喘吁吁的說：「這條在乎，這條也在乎……還有這一條、這一條、這一條……」

每天改變一點點

勿以善小而不為，勿以利小而不做；積小善終成大德，積小成必成大功。

仁心才能得善果

一九三三年，正當經濟危機在美國蔓延的時候，哈理遜紡織公司也禍不單行，因為一場大火而雪上加霜。三千名員工悲觀的回到家裡，等待著董事長宣佈公司破產和失業風暴的來臨。

在無望而又漫長的等待中，他們終於接到了董事長的一封信：

公司繼續支薪給員工一個月。

在全國上下一片蕭條景象的時候，能有這樣的消息傳來，員工們深感意外。他們驚喜萬分，紛紛打電話或寫信向董事長亞倫‧傅斯，向他表達謝意。

一個月後，正當員工又在為下個月的生活發愁時，他們又接到公司的第二封信：董事長宣佈，再度支付全體員工的薪資一個月。

三千名員工接到信後，不再是意外和驚喜，而是熱淚盈眶。在失業席捲全國、人人生計無著的時候，能得到如此照顧，誰不會感激萬分呢？

第二天，他們紛紛擁向公司，自願清理廢墟、擦洗機器，還有一些人主動去南方州郡，聯絡被阻斷的貨源。

三個月後，哈理遜公司重新運轉了起來。對這一奇蹟，當時的《基督教科學箴言報》有這樣描述：

員工們使出渾身解數，日夜不懈的賣力工作，恨不得一天工作二十五小時。

曾勸董事長傅斯，領取保險公司賠款後一走了之；和批評他感情用事、缺乏商業精神的人，終於俯首認輸了。

現在，哈理遜公司已成為美國最大的紡織品公司，分公司遍佈五大洲、六十多個國家。

每天改變一點點

世界上任何形式的災難，其實都是人的災難，一旦人的災難被化解，美好的希望，就會瞬間隨之降臨。

DAY 6

別忘了做人的道德根本

「得道多助，失道寡助。」

所謂道德的好壞，指的是你心靈的修養程度。每個人的心中都有一把尺，他們會用自己的尺去衡量出好壞。如果你不在意道德，捨棄做人的根本，以致大家都孤立你，你將如何再與眾人相處呢？所以，培養一種良好的道德情操非常重要，它不僅能提高你的個人素質，同時也能提高你的價值。

能做成好人，才能做成好事，這是不爭的事實。該怎樣做？我相信你比我更明白。

一輛公共汽車靠站時，一位年輕人莽撞的從車上往下衝，把一位老人家撞倒在地，而他竟然視而不見，頭也不回的揚長而去。

「喂！年輕人，你什麼東西掉了？」突然，一個婦人這樣叫住他。

年輕人一聽，急忙快步趕回來，摸摸口袋，又遍地尋找，可是，一無所獲。他狐疑的看著叫他的婦人。

「你先把這位老人家扶起來，我再告訴你。」那位婦人這樣說。

年輕人無奈，只好硬著頭皮把老人家扶起來，然後急切的說：

「快把東西給我吧，我還有事呢！」年輕人一邊說、一邊伸手要。

婦人用很正經的臉色對他說：「你差點兒把做人的道德都丟了。不過，現在你總算揀回來了。」

年輕人最後是紅著臉離去。

●每天改變一點點

高尚的人格，不屈的尊嚴，良好的道德情操，這些是為人所必需具備的三大美德。沒有了其中之一——道德，你還健全嗎？

DAY 6

建立好品格

在這個世界上，有許多偉人，也有許多小人。前者品格高尚，後者品格低劣。品格的建立，從小就開始，任何人都不可能一下子就成為偉人，也不可能一下子就變成小人。

西雅圖景嶺學校的圖書館，有一天，有人推薦一個四年級的學生來圖書館幫忙，並說明這個學生聰穎好學。不久，一個瘦小的男孩來了，管理員先為他說明了圖書分類法，然後讓他把讀者歸還、圖書館卻放錯位置的圖書找出來，放回原處。

「像當偵探一樣嗎？」小男孩問道。

「那當然。」管理員微笑的回答。

接著，小男孩便不辭辛勞的在迷宮般的書架中穿梭。午休的時候，他已經找出了三本放錯地方的書。

第二天，小男孩來得更早，而且工作得相當賣力。做完一天的活後，他就正式請求圖書館，讓他擔任圖書管理員。

可是，兩個星期後，他突然對管理員說，他們家要搬到附近另一個住宅區去，必須轉校。他略顯擔心的說：「如果我走了，誰來整理那些站錯隊伍的書呢？」

之後，那位管理員還真有點想念那位小男孩。但是，沒過多久，小男孩又在圖書館的門口出現了，並且欣喜的告訴管理員說：「新去那邊的圖書館，不讓學生幫忙，所以媽媽又讓我轉回到這邊的學校來上學，由爸爸負責用車接送。我可以再回圖書館幫忙了……」

「如果爸爸不帶我來，我就走路過來。」小男孩還強調。

「這個小傢伙決心這樣的堅定，對他來說，天下沒有什麼不可為的事。」這位管理員心想。

這樣一個小男孩，後來成為資訊界的菁英，被譽為資訊時代的天才、微軟電腦公司大亨、全球首富等等，他就是比爾蓋茲。

每天改變一點點

在許多偉大或傑出人物的身上，總有些優於或異於常人之處，或遲或早的顯示出來。在成名之前，這些「異象」猶如稍縱即逝的彗星，不易被人察覺注意，大多是在功成名就之後，人們才想到他們當初的不凡。但是，不管事前或事後的記錄，他們的出現，無疑都是上天留給人類的一分精品。

能夠富而不忘貧賤

有不少這樣的人，一旦有點兒成就，就忘乎所以，什麼事也看不慣，什麼人都不順眼。於是到處招搖撞騙，冠空頭銜，坐虛爵位，高高在上，不思進取，最終被社會摒棄。

我們對獲取恩典時的感謝，應像求取恩典時一樣的熱心。

有一個傑出的丞相，深受皇帝器重。他每次出門都會隨身帶著一個小皮包，但從不在別人面前打開。大家都非常好奇，也很想知道這個皮包內到底有什麼神祕的寶貝？

後來，這事連皇帝都知道了。

有一天，皇帝來到丞相府中拜訪，然後突然命令他打開那個皮包，才發現裡面放的，居然是一件極破舊的袍子。丞相對大惑不解的皇帝解釋說：

「當年我還沒有得到功名時，生活非常清苦，以致衣服破舊到這種地步，還穿在身上。現在我位高權重，生活有了很大的改善。但我擔心自己得意忘形，忘了當年的困苦。所以有空時，我就會拿出這件破袍子來，叫著自己的名字說：『貴不可忘賤，富不可忘貧。』自我提醒。」

●每天改變一點點

在虛有的名位上爬得越高，摔得越慘。無論你在成功的路口走出多遠，你都該回頭望望，那一路艱辛求取成功的精神，值得我們銘記一生。

盡力積善

有一個國王，他想從三個優秀的兒子中，選擇一個人來繼承他的王位。有一天，他把三個兒子叫來，分別給他們相同的一筆錢，要求他們每人想盡辦法，在天黑之前，去買一些東西，把一個大房間裝滿。

大王子考慮了老半天，跑去買了一大堆甘蔗葉，但是經費有限，只勉強將房間裝滿了一半。

二王子買了一些更便宜的稻草，但也不過裝了三分之二。

小王子很晚才回來，國王看他回來時似乎兩手空空。一經詢問之下，才知道原來他在路上，遇到一個賣蠟燭的孤兒，他把所有的錢都給了對方，只拿回一支小蠟燭。可是，那支蠟燭點燃後，所發出來的光芒，卻照亮了整個房間。

國王會心的笑了，最後把王位傳給了小王子。

每天改變一點點

「善惡到頭終有報」。這個近乎佛謁的俗語，影響著不少人的思想，扮演善人的人，心裡總會有些不踏實，而只有真正從善的人，才能真正做到心寬體胖。

金錢和權利，填不滿貪婪的欲望，也填不滿心靈的空虛和生活的空洞。只有無私的奉獻、真心的發現，才會讓你的人生一片光明。

對得起自己的良心

景氣差了，騙子多了，各行各業都有騙子，大家都在騙。於是，連騙子本身也感到心安理得，覺得自己不騙，反倒不正常了。做生意的商人，秤上摳斤扣兩，尺上缺尺少寸的，早已經司空見慣，仿佛只有哪一天再統一一次度量衡，才可能找到公正的良心似的。

有一個人開了一家布店，過去數年，都是用一個短少尺寸的木尺賣布。有一天他良心發現，想要把尺換掉，規規矩矩的賣布，做個誠實的商人。但隨即心念又轉，心想：不如先到對門的另一家布鋪，看看他的尺寸如何，再作決定。

他拿著一條小布尺，趁對門店老闆生意忙亂的時候，偷偷的用那條小布尺，把那家布鋪的木尺量了一量。回來一看，那家布鋪的木尺，居然比他的還短少一公分。

於是，他強壓住自己的良心說：「我的尺雖然不足長度，但還比對門的布鋪長了一公分，算起來，我比他強多了。」

此後，他仍舊用自己原先那把木尺，繼續欺騙著上門買布的顧客。

每天改變一點點

不要因為隔壁有人是強盜，就萌生要做賊的念頭。跟矮子比身高的人，一定也高不到那兒去。

做一個真君子

講究衣著打扮，這原本就是無可厚非的事。但是，如果刻意的追求時尚、新潮，就未必做得了時代的時髦人物。

一個人真正的光輝之處，在於其人有卓越的思想，超凡的作為，絕不是由於光鮮亮麗的外表所致。所以，與其費盡心思的裝扮自己，不如深刻你的心思頭腦。

古時候，有位叫公孟子的人，打扮成當時流行的君子模樣：戴著高高的禮帽，腰間插著記事用的木笏，身上穿著一套漂亮的儒服，前去拜見墨子。他對墨子說：

「怎麼樣？我現在像個君子吧？」

「我看不出你有哪點像君子！你有哪些君子的作為嗎？」墨子搖搖頭回答

「君子是先講究穿著打扮，然後才有作為呢，還是先有作為，再講究穿著打扮？」

「君子有所作為，不在意服飾；穿君子的服飾，並不一定是真君子。」墨子回答說。

每天改變一點點

道德、修養、能力、才幹，才是真東西。名牌服飾沒有禁止賣給小人和騙子。

DAY 6

培養平易近人的風範

越是偉大的人，對人的態度，越能謙遜隨和。

林肯便是這樣的一個人。林肯競選總統的時候，有一天，一位名叫斐德爾的小女孩寫信給他。信中說：

「林肯先生，如果你能留些鬍子，一定會使你那瘦長的臉變得好看些。」

林肯看過信之後，就照著小女孩的話，把鬍子留了起來。

後來林肯當選了總統，他特別到斐德爾住的那個城市發表演說。斐德爾得到了消息，也興致勃勃的趕來聽林肯演講。

林肯演說完畢，向四周望望說：「這裡有一位小朋友，名叫斐德爾的嗎？我希望能和她見面！各位，你們看，我這鬍子就是她建議我留起來的。」

斐德爾由人群中擠出來，走到林肯的面前。

「小朋友！謝謝妳的建議。你看！我現在已經有鬍子了，比以前好看多了。」林肯把雙手搭在她的肩膀上，笑著說。

說著，林肯總統用他那長滿鬍子的嘴，輕輕的在斐德爾的臉上吻了一下。

●每天改變一點點

對待小人物的態度，決定了你是否將成為一個大人物。

DAY 6

真心誠意的行善

有些人以為自己做的善事已經夠多了，最後卻下了地獄。有些人認為自己做得永遠嫌不夠，最後卻上了天堂。

何以會有如此的差異呢？

因為前者無心向善，偶一為之，便覺得足夠，而後者一心向善，雖然常有善舉，已經竭盡了力量，依然覺得有所欠缺。

一位商人和一位流浪漢，他們死後雙雙來到了閻羅王面前。閻羅王問商人說：

「你憑什麼得到永生呢？」

商人回答說：「我有一天在街上，給了一個乞丐五十元。」

閻羅王冷冷的點了一下頭，然後轉身問他的助手說：「這事有記載嗎？」

助手點了點頭。閻羅王又對商人說：「這樣，條件還不夠。」

「等一下，等一下，還有……」商人似乎想到了什麼，說：「喔……上個月，我被一個

DAY 6

無家可歸的女孩絆倒了，我也給了她五十元……」

閻羅王深思了一會兒，問他的助手：「怎麼辦？」

助手不耐煩的瞄了商人一眼說：「我想我們還是還他一百元，讓他留在地獄算了。」

閻羅王點頭表示同意。然後轉眼問流浪漢說：「你又憑什麼得到永生呢？」

「抱歉，我不配！我只是所做的事，都問心無愧而已……」流浪漢低聲的說。

去年的一個冬夜，我把乞討來的半個饅頭，給了一個生病的乞丐，但那晚他還是凍死街頭……我好後悔！後悔沒有把他帶回我棲身的橋洞……，還有一次……」

「好了！」閻羅王微笑的打斷了流浪漢的話，轉身對他的助手說：「你帶他到天堂去吧！」

●每天改變一點點

上帝是公平的，只要你一心向善、盡力而為，用你那「生命之橋」，幫助別人跨過一道道挫折的「鴻溝」，上帝是不會虧待你的。就算上帝沒有眷顧到，至少，在你的心理，一定能得到一片寧靜、安祥的天空。

DAY 6

第7天．打開自己就是接納成功

注重團隊的力量
齊心才能移山
懂得資源分享
給人方便，就是給自己方便
真誠的互相關心
給予別人適性的空間
給人需要的愛
在別人需要時才給予幫助
允許但不寬容自己犯錯
懂得趨吉避凶
小心多才遭妒
不要得意忘形

注重團隊的力量

一滴水珠掉在地上，很快就會乾了，但如果掉進小溪，就會流進大海。

孫悟空是「齊天大聖」，如果沒有如來佛、觀世音的幫助，他也沒有機會護送唐僧往西方取經。

冬天即將來臨，一群大雁南飛，其中一隻小雁問牠媽媽說：「什麼是集體的力量？」

「那是一種身在其中、樂在其中又無以言表的偉大力量。」大雁媽媽回答。

「我還是不懂耶！」小雁聽完，心裡還是嘀咕著。

忽然，一枚槍彈在這時候擊中了小雁的翅膀，小雁很快的掉進蘆葦叢中。雁媽媽悲鳴的飛離雁群，奮不顧身的飛去陪伴小雁。

幾天後，小雁的傷終於治療好了。可是，牠卻迷戀著在蘆葦叢中，所玩的捉迷藏遊戲。

「媽，我們真的不能留在這兒過冬嗎？」牠問媽媽說。

「不能，孩子，我們雁群有一個共同的目標，那就是飛回溫暖的南方過冬，否則，我們會凍死在這裡。」

小雁不得已，再度與媽媽一起上路。可是，小雁這時感到飛起來很吃力，牠連忙又問媽媽：「媽媽，為什麼我們離群獨自飛時，會覺得特別累？」

「那是因為沒有領頭雁的呼號聲，也沒有雁群在一起所形成的合力，這個合力可以讓我們減輕飛行時所遇到的空氣阻力。另外，也因為沒有其他朋友和我們說話，所以，我們就會覺得特別累。」

不久，小雁與媽媽追上南遷的雁群隊伍，小雁又問：「媽，你還沒向我解釋清楚，什麼是集體的力量呢？」

「孩子，其實我們離隊的過程，已經從反面示範了集體力量的偉大了。」雁媽媽笑著說。

成功者的身後，往往有一個陣容強大的集合體。沒有成功的個人，只有成功的團隊。團隊精神，才是成功者戰無不勝的法寶。

齊心才能移山

在一個團隊裡，只要大家的齊心、齊力，那就沒有什麼克服不了的困難、跨越不了的障礙了。

日本著名的旅遊聖地伊豆半島，遊人如織。由於適逢長假的最後一天，返城的車潮，形成了前所未有的盛況，從伊豆半島西部通往東京方向，一百多公里的公路上幾乎全線塞車。

日本的道路十分狹窄，我們走的雖然名為「國道」，其實只有來回兩條車道。但幾乎所有的車子，都是回東京的，對面的車道來車很少。

這樣的塞車是我從來沒有見過的，簡直可以說是蔚為奇觀。沿路望去，看不到盡頭的車流，蝸步似的挪地慢行。一百多公里的路程，我們從下午四、五點鐘，開到深夜十二點左右。

在這全線堵車的一百多公里的路段上，居然沒有出現一位維持秩序的交通警察，也沒有看到一輛車，從空蕩蕩的反向車道向前超車，甚至沒有人按喇叭催促前面的車輛快行。日本乘客更是超有耐心的坐在車裡，看著車子一寸寸的向前挪動。

一百多公里長的公路大塞車，日本人竟然能夠不需交通警察而秩序不亂；七、八個小時的等待，日本人竟然能夠不急，而且憑著耐心，把這綿延一百多公里的堵塞車龍化解。

如此堅忍、守秩序、萬眾一心的民族，真是可敬又可怕！

每天改變一點點

少數台灣人不喜歡日本人，但不得不佩服日本人首法的規矩。台灣社會要更進步，需要學習的地方還有很多。

懂得資源分享

人如果在物質上僅止於自給自足，也就是將自己置身於落後、狹隘的經濟觀念之中，只會永遠陷入貧乏的境地。

有一天，從早晨開始就大雨滂沱。路邊幾個叫賣食品的小販，一直沒有什麼生意。快到中午時，賣烤餅的小販，已經烤好一大疊餅，他大概是餓了，心想：反正也賣不出去，就吃起一塊自己烤的餅來。

賣西瓜的坐著無聊，也就敲開一個西瓜來吃。

賣辣香腸的開始吃辣香腸。

賣楊梅的也只好吃楊梅了。

雨一直下著，四個小販一直這樣吃著。賣楊梅的吃得酸死了，賣辣香腸的吃得辣死了，賣烤餅的吃得渴死了，賣西瓜的吃得肚皮脹死了。

這時，從雨中嘻嘻哈哈的衝過來四個年輕人，他們從四個小販那兒，把這些東西都買齊了，然後坐到附近的亭子裡吃，有香辣，有酸甜甜，吃得津津有味極了。

每天改變一點點

與人相互交換一種食物，你就得到兩種食物；與人相互交換一種思想，你就擁有兩種思想。只有把個人的血液融於組織中，取長補短，個人才能得到充分發展。

給人方便，就是給自己方便

幫助別人，為別人搭「方便之橋」的時候，也正是在為自己留後路的時候。眼裡只有利益的人，早晚被利益所迷失。唯有心裡容滿真情的人，在不經意之間，隨時都會有所獲得。

家門口有一條汽車線路，是從小港口開往火車站的。不知是因為線路短，還是沿途人太少的緣故，客運公司僅安排一〇一與一〇二兩號中型巴士來回對開而已。

一〇一與一〇二號班車，正好都是由女司機開，坐車的大多是一些船民，由於他們長期在水上生活，因此，一進城常常是攜老扶幼的，熱鬧得很。

一〇一號班車的女司機，很少讓船民給孩子買票，即使是一對夫婦帶幾個孩子，她也覺得無所謂，只要求船民買兩張成人票。有的船民過意不去，執意要給大點的孩子買票。女司機就笑著對船民的孩子說：「下次給我帶個小貝殼來，好嗎？這次讓你免費坐車。」

一〇二號班車的女司機恰恰相反，所有的小孩都要票，大一點的要全票，小一點的要半票。她總是解釋說：「這車是租的，每月要向客運公司繳錢，如果哪個月不交足，馬上就沒辦法繼續開下去了。」

船民們也能理解。幾個人就掏幾張票的錢，因此，每次也都相安無事。

三個月後，門口的一〇二號班車不見了。聽說停開了，真正應驗了一〇二號班車女司機的話：馬上就沒辦法繼續開下去了。

後來追究原因，才知道原來是搭她的車的人，越來越少，最後不得已，只好停開。

●每天改變一點點

一點點的人情味，比十足的精打細算，更容易得到回報。

真誠的互相關心

人與人之間的尊重，是互相的。不要總是要求別人尊重你，只有在你真誠的關心他人、敬重他人時，才能得到別人真誠的尊重，與更多的回報。

有一對夫妻是左鄰右舍公認的模範夫婦。

這一天，丈夫的剛晉升為將官，他按捺住興奮的心情，下班後，滿心期待的想立刻與妻子一起分享這分喜悅。

可是，一回到家，他情不自禁的在妻子面前昂首闊步的晃來晃去。可是，妻子也一樣在他面前晃來晃去，卻一點也沒有瞧見他的衣服上動章，與肩上的星星。因此，這位先生十分沮喪，一直到吃晚餐時，雙方還是相對無語。

後來，丈夫發現妻子竟然在呆望出神，於是沒好氣的問道：「妳怎麼啦？」

沒料到妻子立刻眼圈一紅，號啕大哭起來。丈夫也慌了手腳的追問說：「妳到底是怎麼啦？有什麼話就說嘛！」

「嗚……嗚……人家剛做了新髮型，原以為你會稱讚幾句，沒想到你卻一直都沒瞧見！」妻子抽噎的說。

●每天改變一點點

唯有關心對方，對方才會關心你。

給予別人適性的空間

不少的老師教導學生時，要求這樣、那樣，不能這樣、那樣，各種不同的規範不計其數。久而久之，學生仿佛成了老師打造的一個完美的木偶。但是，一旦離開老師，學生就無所適從，最終被拋棄在社會的某個死角。

有這樣一個故事，一天，大家聚在一起討論風的作用。

「風的作用可不小，它改變我們這個一成不變的世界，功不可沒！」

大自然這樣誇獎風說。

「既然功不可沒，我們應該獎勵它，最好是給予重賞。」有人說。

「要獎什麼給風，才算是重賞？」有人又為這點傷腦筋起來。

「風從來沒有一個固定的住所，我看，送給它一座華麗的大房子最適合。」權威人士說。

「這主意不錯，實在是妙得很。這房子最好是密不透風，這樣飄泊不定的風住進去以後，一定更能體會它飄泊、流浪的痛苦！」立刻有人附合。

於是，密不透風的華麗房子建造好了。房子巍巍聳立，華麗無比，確實是一座美麗絕倫的宮殿。然後，有人把風請來，強把風往宮殿裡推。風掙扎著喊道：

「不要！不要！我的個性註定我要飄泊四方，你們把我局限在這座宮殿裡，每天無所事事，我會悶死的！」

「放著清福不享，傻瓜都不如，快進去吧！」

眾人叫嚷著，硬是合力把風推了進去，最後還把這座宮殿的唯一出入口——一扇小氣窗上，釘上木板，整個宮殿便名副其實的密不透風了。

DAY 7

不久，風在宮殿裡憂鬱的死了。死前，它顫抖著寫下了一行字：

「人們啊！不要重蹈我的覆轍呀！如果你們真心珍惜一個人的才能與貢獻，就請給他風最愛的自由當作獎賞，他才能再創輝煌。」

每天改變一點點

把喜愛自由自在的風，安置在華麗卻禁錮的房間裡，風也就不復存在了。人的個性，一旦得不到張揚，就和木乃伊沒什麼差別了。強力剝奪別人的個性，無異於劊子手。

給人需要的愛

神賜我們核桃，卻不會幫我們打開它，我們得找方法打開它。愛也需要講究方式，不要讓我們的愛，成了對他人的傷害。

有時候，我們會出於善良和同情，不由自主的去幫助別人。但我們往往忽略了，這種付出，對別人可能產生的結果。歷經苦難而成熟之後，才能迎接更好的未來。所以，我們付出愛的時候，一定要想想別人是否需要。

有一個人，剛巧看見樹上一隻蟲繭開始活動了。整個早晨，他耐心的等在旁邊觀察。飛蛾在裡面奮力的掙扎，可是還是不能掙脫，眼看似乎再也不可能飛出來了。

這個人看到沒耐性了，就用一把小剪刀，把繭上的絲繭剪了一個小洞，想讓飛蛾可以稍微容易飛出來一些。果然，不一會兒，飛蛾爬出來，可是身體卻反常的十分臃腫，翅膀也呈現異常的萎縮。

根據生物學家的研究，飛蛾在作蛹時，翅膀其實是萎縮不發達的。等到要破繭而出時，必須經過一番掙扎，使身體中的體液流到翅膀，最後翅膀才能在空中，有力的振翅飛翔。

這個人自以為是在的幫助飛蛾，結果反成禍害了牠。那隻飛蛾最後非但不能在空中飛翔，呈現牠完全的美麗；反而很痛苦的爬了一會兒，死了。

每天改變一點點

飛蛾的死，提示著我們，愛也要有規則。愛是給予，但不能盲目的隨意給予。每一個生命的個體，都需要有獨自擔當的一面。溺愛一人一物，絕不是在成就他或它。

在別人需要時才給予幫助

雪中送炭，禮輕情意重，受者往往會感激不盡。但如果炭送多了，這種感激之情，可能逐漸淡化。

江漢一帶的農村有句俗話「吃一升米是恩人，吃一斗米是仇人」。意思就是說，給他一升米，是你救了他，他會記得你的恩德：給他一斗米，他就可能要一擔（十斗）米，否則他就會報復你。

「我好心幫助同事每天打掃，維持環境衛生。可是，他非但不領情，還指責我擦得不夠乾淨。你說我該怎麼做，才能令他滿意？」一位苦惱的好心人，向智者求教。

「你第一次幫助他時，他說過謝謝嗎？」智者問。

「剛開始他非常客氣，對我也很感激，可時間一長，他習慣成自然了，好像是我欠他的一樣。」

「那好。從現在起，停止為他做這些事。」

「那不好吧？這樣會不會傷害我們之間的友誼？」

「久旱逢雨，雨才會是甘露。假如春天不是每年都來，而是百年才來一次，不是悄悄的來，而是聲勢浩大的來，那麼將會是多麼令人驚奇，多麼令人期待啊！

你的煩惱不是付出太少，而是付出的對象不好。對於那些不需要付出的人付出太多，只怕會是白費力氣。應該立刻停止付出，直到他感到需要你時為止。」智者堅定的說。

每天改變一點點

對於某些人，施捨太多，無異於是養個無賴。永無止境的幫助，對於習以為常的人，是不值得的。

DAY 7

允許但不寬容自己犯錯

人不可能一輩子都不犯錯，但是有些人卻總是在設法掩飾自己的錯誤，這樣的人所犯的錯誤，只會越來越多。相反的，如果採取正確的態度，去面對錯誤，然後認真改正，就能減少許多錯誤的發生。

愛因斯坦接受了普林斯頓大學的聘書後，第一天被帶去看自己的辦公室，當時有位行政助理問他：「你需要什麼設備？」

「只要一張桌子、一把椅子、紙和粉筆就可以了。哦！對了，還要一個大的廢紙簍，越大越好，因為這樣我才能把我所有的錯誤丟進去。」愛因斯坦回答說。

●每天改變一點點

每天應該給自己一些沉思默想的時刻，讓自己隨時可以冷靜的檢視自己的行為。

懂得趨吉避凶

有位心理學家，曾把人的需要分成五大項，安全是其中之一。只要抓住這一點，有時便能讓一些難以攻下的堡壘，變成唾手可得。

法國著名的女高音歌唱家瑪・迪梅普萊，她有一座美麗的私人林園。每到週末，總會有人闖進她的林園摘花、採蘑菇，有的人甚至在林園的草地上，搭起帳篷野營、野餐，將林園弄得一片狼籍、骯髒不堪。

管家曾讓人在林園的四周圍上籬笆，並豎起「私人林園，禁止入內」的木牌，但都無濟於事，林園依然不斷遭到踐踏、破壞。管家沒辦法，只得照實向女主人請示。

迪梅普萊聽了管家的報告後，讓管家做一些大牌子，分別立在各個路口，大牌子上面醒目的寫著：「如果在林中被毒蛇咬傷，最近的醫院距此十五公里，駕車約半小時即可到達。」

從此，再也沒有人闖入她的林園了。

每天改變一點點

不管遇到任何事情，總會有對你最有利的辦法，只要你想得到。

小心多才遭妒

現實中，有很多小人都見不得別人好，怕別人搶了自己的光彩。所以常對有才華的人，拚命排擠。

從前有一個名叫子圍的官史，把孔子引薦給宋國的總管大臣。結果孔子與總管大臣兩人，相談甚歡，為時甚久。

子圍一個人在外面枯候多時，心中很不是滋味，認為自己被冷落了。當孔子出來時，子圍連招呼也不和他打，就急忙走進屋內。總管大臣看到子圍走進來，很高興的對他說：

「我聽了孔先生的一席話，覺得其他任何有學問的人，都無法和他相比，我想馬上把他推薦給大王。」

子圍心想，如果孔子得到宋王的賞識，那我的前途也完了。於是便對總管大臣說：「如果宋王得到了孔子，恐怕日後大人您的話，大王也不會再聽了……」總管大臣琢磨了一會兒，覺得很有道理，就放棄把孔子推薦給宋王的想法了。

每天改變一點點

大才易招妒。即使你有滿腹經綸，也要懂得適時的收斂自己，韜光養晦，才會讓你免招小人之妒。

不要得意忘形

淡泊處事，超然做人，以一種平和的態度面對世事，才不至於被人生的驟悲、突喜所感染，而呈現出悲痛萬分或得意忘形的情緒。

守靜方可以以致遠呀！

從前有一個乞丐，終日依靠他人的施捨度日。他將乞討來的錢，盡量的積存起來。可是，一到下個月，就將這些錢拿去買彩券。每一次買了彩券，他就將彩券藏在他那根打狗棒的祕密夾層裡。

那根打狗棒平日是他行走的工具，也是他防禦狗及其他動物攻擊的武器，每日總是與他行影不離。

不知道是上天同情他，還是他真的時來運轉了。有一天，他買的彩券，居然中了頭獎，從此就要變成千萬富翁了。他高興得一個晚上都沒有睡覺，迫不及待的等著領獎日的到來。

第二天一早起來之後，想到自己從此不用再乞討度日，不必再看人眼色，不需再怕凶狗來咬他；可以用獎金買棟新房子，娶一位美麗漂亮的妻子，買一部新車，全身上下都可以穿上最名貴的衣服……。想著想著，興奮衝昏了他的頭，他立刻把身邊的破鐵、破罐、破衣、破鞋都扔進了大河裡，讓湍急的河水，將它們永遠的帶離這個世界。心想：他從此不需要再接觸這些醜陋的東西了。

當他最後要把隨身攜帶的打狗棒扔下時，心中猶豫了一下。但隨即想到，反正要買新車了，留下這傢伙，將來也派不上用場，乾脆一起扔掉算了。

他把所有舊東西都扔完之後，頓感全身輕鬆，回身就快跑前去領獎。但是，到了銀行之後，才想起那張得獎的獎券，藏在打狗棒的夾層裡。

「打狗棒呢？啊！糟糕！扔到大河裡去了……」

剎那間，他像發瘋了似的捶胸、頓足，悔恨不已。

每天改變一點點

得意而忘形，便容易樂極生悲。面對眾人，應該時時刻刻保持一顆平靜的心。

第8天・謙卑才能容納偉大

英雄不怕出身低

海之所以能容納百川，是因為海在最低處。

要想有所成就，從最基層做起，並沒有什麼可怕之處。只要你有那種能力，機運絕不會埋沒你。從基層做起，是一種策略，也是一種手段，如果你一直是基層裡最優秀的，你就更容易得到上司的認可，從而步步高升。

有一位留學美國的電腦博士，畢業後在美國找工作，結果處處碰壁，接連被許多家公司排拒門外。

得到這樣高的學歷，有這樣吃香的專業，為什麼竟找不到一分工作呢？

在萬般無奈的情況下，這位博士決定換一種方法試試。他收起了所有的學位證明，用一種最低階的身分再去求職。說也奇怪，很快的，他就被一家電腦公司錄用，做一名最基層的工程師。這是一個稍有學歷的人都不願去做的工作，這位博士卻做得兢兢業業，一絲不苟。

沒過多久，上司就發現了他的才華出眾：他居然能看出程式中的錯誤，這絕非一般記錄人員所能比的。這時，他才亮出了自己的學士證書，於是老闆為他調換了一個與他本科系相關的工作。

過了一段時間，老闆發現，他在他的新崗位上遊刃有餘，還能提出不少有價值的建議，比一般大學生還高明。這時，他才亮出自己的碩士身分證書，老闆又提升了他。

有了前兩次的經驗，老闆也比較注意觀察他，發現他還是比碩士有水準，對專業知識的廣度與深度，都非常人可比，就再次找他談話。這時，他才拿出博士學位的證書，並敘述了自己這樣做的背後原因。老闆這才恍然大悟，此後更毫不猶豫的重用他，因為老闆對他的學識、能力及敬業精神，都已經全盤瞭解了，不需要再顧慮什麼了。

每天改變一點點

許多年輕人初入社會時，往往把自己的一堆頭銜、底牌全部都亮了出來，不斷的誇耀自己，結果反而讓別人起反感，誤認為他是難以與人合作的人，或是認為對他期望過高，而最終將會感到失望。一旦有了這樣的誤判，便從此不好翻身了。

從小事腳踏實地的做起

「銖積寸累，集腋成裘」，這傳承千年的古語，絕不是誇張的話。堅持不懈的做事情，哪怕只是一件小事，也終能成就一番大事業，那些都是我們的成就。不要因為我們所做的事小，一遭到譏諷，就選擇放棄。每一件小事堅持久了，都會成為你心目中的大事，最終將為你的成功定勢。所以，千萬不要忽略任何一件有意義的小事。

美國著名的標準石油公司，曾經有一回，每桶石油要賣四美元。一位名叫阿基勃特的公司小職員，每逢吃飯付賬、出差住旅館、寫信時，也就是說，只要逢到他要簽名的時候，他都不忘加寫「每桶四美元的標準石油」這句廣告標語。有時，他甚至不簽名字，也一定會寫上這幾個字代替簽名。

時間一長，同事及朋友都取笑他，給他取了個外號叫「每桶四美元」。有事沒事就用這個外號叫他，他的本名反而因此越來越沒有人叫了。

標準石油公司的董事長洛克菲勒聽說了這件事，特地把阿基勃特叫來共進午餐，並問他：

「別人不叫你的真名，而叫你『每桶四美元』，你為什麼不生氣呢？」

「『每桶四美元』不是公司的廣告標語嗎？多一個人叫我，就多一次宣傳，這樣的好事，我何樂而不為呢？」

「阿基勃特能由這麼小的事做起，堅持不懈的為公司宣傳，真是一位模範的好職員啊！」洛克菲勒很感歎的說。

五年後，洛克菲勒卸去董事長一職，阿基勃特憑這股堅持不懈的力量，再度打敗眾多才能高他一等的對手，繼任為美國標準石油公司的第二任董事長。

●每天改變一點點

成功就是把簡單的事，重複的做，簡單的話，重複的說。

充實內在

浮華的東西，給人的第一印象固然很好，但真正派上用場時，卻常讓人大為失望。不學無術的人，說起話來好像頭頭是道，但做起事後卻常捉襟見肘。所以，無論對人、對事，還是實在些得好。

假如沒有內在美，任何外貌的美都顯得不完備。

古時有一位大臣，娶了兩個太太，一個長得很美麗，另一個卻非常醜陋。但是，奇怪的是，大臣不喜愛那個長得美麗的妻子，卻十分寵愛那個面貌醜陋的妻子。

他的下屬好奇的問他原因，他回答：「長得美麗的那一個妻子，自以為長得很漂亮，非常的驕傲，難以相處；但是長得醜的那一個妻子，有自知之明，為人就特別溫柔、謙卑，有內在美。」

每天改變一點點

一切永恆的東西，都是一些實實在在的東西。漂亮不是唯一的資本，真正美好的東西，會在靈魂的深處隱現。

DAY 8

做事有主見

總會有一些沒有主見的人，輕易的就聽信別人的信口開河，而做出傻事來，使我們看到一幕幕正在上演的鬧劇。

從前有個秀才，窮困潦倒。有一天，他心血來潮，揮斧向四合院中的大樹砍去。鄰居王先生聽見砍樹聲，連忙大喊「住手！」。

「你為什麼要砍樹？」王先生急切的過來問秀才。

「王先生你有所不知，在下朝思暮想，悟出個道理：四合院中有樹，是犯了『困』的風水格局，難怪我終年倒楣。今日我是來剷除這個禍根，以求來年時來轉運。」秀才放下舉起來的斧頭說。

「不對不對！院中不只有樹，還有先生一家。今日若砍去大樹，先生一家的禍患很快就會到來……」王先生一聽，大笑。

秀才大惑不解，忙問其故。

「把樹砍去，四合院裡只有人，這樣豈不成『囚』了？」王先生說。

「王先生的一席話，免去我我囹圄之苦。拜謝、拜謝！」秀才大悟，棄斧下拜說。

每天改變一點點

一個缺乏主見、人云亦云的人，只是如同別人的玩物，永遠也成不了大器。

有天才的宏觀與遠見

有些人總是抱怨自己「天生不是那塊料」，於是放棄了種種努力，然後待在家中，繼續欣羡那些成功的天才。他一點兒也不知道，天才不是先天的，而是經過後天磨練所打造出來的。

DAY 8

電燈的發明家愛迪生說：

「天才是百分之一的天分，與百分之九十九的努力相累加而成的。」

有人問天才說：「天才和庸才有什麼區別？」

天才回答說：「世上本來就沒有天才，只不過是『勤奮』再加點『遠見』，使我成為人人所謂的『天才』！」

「兩者總有區別吧？」那人又問。

天才指著一隻毛毛蟲問：「那是什麼？」

「毛毛蟲呀！」那人回答。

天才又指著一枚雄鷹的蛋問：「這是什麼？」

「蛋呀！」那人奇怪的回答。

天才最後又指著一位嬰兒問：「他是誰？」

「一位剛出生的嬰兒嘛！」那人回答。

天才卻搖搖頭說：「那些分別是蝴蝶、雄鷹和天才，你卻要說是毛毛蟲、蛋與嬰兒。這兩種的不同回答，也許就是天才與庸才的區別吧！」

每天改變一點點

有遠見就有卓識。放眼未來，一切的美好都將屬於你。

不要過分相信經驗

經驗如果是寶，那麼創新就是那挖寶的人。固有的經驗能幫助你成功，也可能導致你失敗，尤其在這資訊日新月異、變化多端的社會。

固步自封是成功的殺手。要能不斷的融合新鮮事物，不斷的更新自己的知識架構、經驗系統，才能在沒有硝煙的戰場上立穩腳跟，不斷進步。有一次，一艘遠洋海輪不幸觸礁，沉沒在汪洋大海裡。倖存下來的九位船員，拚死登上一座孤島，才得以不被海水滅頂。

可是，接下來的情況更糟。島上除了石頭，還是石頭，沒有任何可以用來充饑的東西。更要命的是，在烈日的曝曬下，每個人口渴得不得了，「水」成為急需而珍貴的東西。

儘管四周是都是水，可是誰都知道，海水又苦、又澀、又鹹，根本不能用來解渴。現在九個人唯一的生存希望，就是祈求老天爺下雨，或讓過往的船隻發現他們。

等啊等，老天爺沒有任何要下雨的跡象，天際除了海水，還是一望無邊的海水。也沒有任何船隻，經過這個死一般寂靜的島嶼。漸漸的，九個船員支撐不下去了，一個接一個的渴死在孤島。

當最後一位船員快要渴死的時候，忍不住的撲進海裡，「咕嚕咕嚕」的喝了一肚子海水。結果，船員一點兒也不覺得海水有任何苦澀，相反的，還覺得這海水又甘又甜，非常解渴。

船員心想：大概是自己渴死前的幻覺吧！

於是便靜靜的躺在島上，等著死神的降臨。

稀奇的是，他竟然沒有死，只是睡了一覺，醒來後發現自己還活著。船員也非常奇怪。於是，他每天就靠喝這島邊的海水度日，終於等到了前來救援的船隻。

後來人們經過化驗，才發現這兒的海水，由於有地下泉水的不斷湧出，海水實際上已經變成可口的泉水了。

每天改變一點點

守著過去的經驗，祈求生活得更好，這是不可能的。只有不斷的創新，才能拯救經驗所引導前去的誤區。勇於創新、勇於接受新事物，你的生活定會有改觀。

不高估自己的能力

如果知識不豐，可以學習；經驗欠富，可以累積；但卻不能缺乏勇氣。沒有了勇氣，就如同鳥兒沒有了翅膀，自然沒辦法飛翔。

挑戰困難，挑戰高薪、高職，這些都需要勇氣。如果你沒有這種勇氣，只能任機會由你眼前溜走。如果你不想遺憾終生，請鼓起勇氣挑戰未來吧！

有一天，一位大學剛剛畢業的年輕人，走進飛利浦公司老闆的辦公室，應徵電氣工程師一職。年輕人各方面條件都不錯，非常適合該職位的應聘條件。

「好啦！年輕人，恭喜你戰勝了其他對手，成為我們中的一員。」

老闆伸出手來，宣告年輕人的成功。可是，年輕人卻拒絕握老闆伸過來的手，並且傲慢的對老闆說：「先生，我現在改變主意了。」

原來，年少氣盛的年輕人，沒想到自己踏出校門，第一次找工作，便大大告捷。於是對自己的能力，一下子脹大了數倍，對前途更抱持著非常樂觀的看法，所以，他想謀求更高薪的職位。

年輕人在外面轉了一大圈，碰了一鼻子灰之後，抱著一線希望、硬著頭皮，重新踏進飛利浦公司老闆的辦公室，來謀求原先電氣工程師的職位。

出乎年輕人和公司員工意外的，是老闆居然再度錄用了這位年輕人。

「你為什麼還要用這位不知天高地厚的年輕人呢？」有人奇怪的問老闆。

「我欣賞他的勇氣。再說這位年輕人跟剛來應徵時相比，已經大不相同，他比以前更成熟了。」老闆回答。

果然，年輕人非常珍惜這次的機會，工作非常賣力，最後成為該公司的主管。

每天改變一點點

「有勇有謀後，無往而不利。」勇氣是排在最前面的，因為它是最基本的需要。

能夠見微知著

古語說：「欲知其人，先觀其友，再察其室。」

一個人的氣質是裝不出來的，一個人的品行也無法藏不起來。所以，從細微之處，可以看出一個人的真性情。如果能注重自己的點點滴滴，由小處培養起自己，才會使自己變得更加完善。

宋太宗年間，因廢太子後要立新太子。太宗一時拿不定主意，於是派了一位算命師，到候選人之一襄王元佩的府第探視一番。

算命師到了襄王府後，看到襄王府的寶院和一些手下人員後，就回來向太宗覆命。他告訴太宗說：

「襄王府第整潔而不重排場、輝煌之中而不見奢華，那些下級官吏，人人氣宇軒昂，個個都具大臣、將軍的相貌。由此便可以推測，襄王的人品和能力，不用看也能了然於胸了。」

算命師的話，讓太宗下決心，立襄王為太子。

後來，襄王在太宗駕崩後，依靠呂端等一班忠臣的力量，機智果斷的挫敗了宦官王鏈恩等人的篡位陰謀，順利的登基，成為歷史上的宋真宗。

每天改變一點點

命運是每天生活的積累，小事情是影響大成就的關鍵。所以，我們可以從一個人的細微之處，判斷他的未來。

平等對待每一個人

婚姻的幸福，並不是完全建築在顯赫的身分和財產上，而是建築在互相平等的敬重上。不管在外面承擔的是什麼職位，在家裡，你的角色就只是妻子或丈夫。

英國女王維多利亞是歷史上有名的女王，但是，私底下和她的王夫亞伯特相處時，不免也會有一般家庭的爭執場面。

有一次，他們夫婦又吵架了。丈夫亞伯特憤怒的回到房間，並且關上了門。事後維多利亞女王想了想，知道自己理虧，就在房間外敲門，打算向丈夫道歉。

「是誰？」王夫這樣問道。

「女王！」

屋內沒有任何回音，於是女王再敲了敲門。

「誰呀？」王夫又問。

「女王！」

對方依舊沒有回應。

維多利亞又敲了敲門，然後大聲說道：「是你的妻子啦！老公。」

這時房門才被打開。

每天改變一點點

在婚姻生活中，信奉「錢、權決定幸福」的人，不在少數。然而，幸福婚姻的真諦，卻是建立在互敬、互愛的平等基礎上。

敬人者人恆敬之

我們在激勵別人時，不一定只用金錢和豪言壯語，有時候，用最起碼的尊重，就能達到事半功倍的效果。

在工作和生活中，想擁有一個和諧又輕鬆的環境，首先要學會尊重別人。把每一個人看成你真實的夥伴，將每個人的成功連在一起，才能營造出更大的成功。

有一天，一家石油機械公司的守衛孟先生接到一個通知：請到貴賓室開會。

孟先生這位老人家，以為自己眼花看錯了，又再細看一遍，確認沒看錯，只好準時去開會。一到貴賓室，公司經理早就恭恭敬敬迎在門前。再看看室內，全都是一些熟悉的面孔。猛一想起，知道他們全都是「看大門」的。室內的鮮花滿盈，水果飄香，儼然是接待外賓的水準。

會前，公司主管們把水果一一剝好皮，送到各位「看門人」手裡。公司總經理還向他們深深鞠躬致謝說：「多謝你們為我們當了半個家。」

孟先生很激動，因為這一輩子沒有聽說過，也是第一次參加經理召集看門的守衛開會。他心想：看門的，本來就是在廠門口了，再踢一腳就出門了。公司這樣看得起我們，我們看門的，一定要看好這一個家。

從此以後，公司大門守得像鐵桶一般的密，對進出人員、貨物一律按制度辦理，絲毫也不含糊。晚上，門裡門外，都有看門守衛在巡夜，沒有漏掉任何一個角落。

每天改變一點點

尊重別人，等於尊重自己；尊重別人，也是成就自己。

身先士卒鉅力萬鈞

「會當臨絕頂，一覽眾山小。」這樣的氣勢，讓你感到驕傲和自豪的同時，也感到了孤絕和獨立。人不可能永遠以站在山頂上的知覺，與人共事或與人合作。

與人同甘苦、共患難其實並不難，但得到的結果卻大不相同。有時，那種過程會讓你感覺到團結的力量。有時，也會讓別人因為你的舉動，而生出一種豪邁、奮進的激情。

亞歷山大大帝，曾率領數萬大軍遠征波斯。在抵達波斯之前，必須經過一片廣闊無垠的沙漠。當時，烈日當空，找不到水源，全軍口渴不已。

亞歷山大的待從，把僅存的一個裝滿水的水壺，拿給亞歷山大。亞歷山大本想一飲而盡，但他突然改變了主意，把滿滿的一壺水，全部倒在沙上，在場上士兵都大吃一驚。

亞歷山大這時才站起來對大家解釋說：「我不能只讓自己止渴，我要和大家一起忍受口渴的苦。」

全體士兵聽了這番話，大受激勵，士氣為之一振，之後在很短的時間內，就征服了波斯。

不是有句話說「最豐滿的稻穗，最貼近地面」嗎？

每天改變一點點

無論你身處什麼地位，只要把自己與別人放在同一個起點，不僅能讓你在別人眼裡變得更高大，而且一定會有意想不到的所得。

用仁愛的心取得人心

「仁愛的心」抓不住、摸不著，它是無形的，卻能產生巨大的威力，讓人在激烈的競爭中，脫穎而出。

有位孤獨的老人，無兒無女，身體又孱弱多病。後來他決定搬到養老院去，於是宣佈出售他那棟漂亮的住宅。

購買人聞訊蜂擁而至。住宅底價是八萬英鎊，但人們很快就將價格炒到十萬英鎊了，而且還在不斷的攀升。

老人深陷在沙發裡，滿目憂鬱。是的，要不是身體不佳，他也不會賣掉這棟陪他度過大半生的住宅。

一個衣著樸素的青年，來到老人面前，彎下腰，低聲說：「先生，我也很想買這棟住宅，可我只有一萬英鎊。」

「但是，它底價是八萬英鎊呀！」老人淡淡的說：「何況現在已叫價到十萬英鎊了。」

青年並不沮喪，繼續表情誠懇的說：「如果您能把這棟住宅賣給我，我保證讓您照舊生活在這裡，和我一起喝茶、讀報，散步，天天都快快樂樂的……。相信我，我會用整顆心來關懷您老人家的！」

老人點點首，微微的笑了起來。突然，老人站了起來，揮手示意人們安靜下來，然後對大家宣佈說：「朋友們，這棟住宅的新主人已經產生了。」

老人拍著青年的肩膀說：「就是這個小夥子！」

青年不可思議的贏得了經濟上的勝利，夢想成真。

●每天改變一點點

完成夢想，達到目標，不一定非得要冷酷的廝殺和欺詐。其實，真正讓一個人成為最大贏家的，不是那些方法，往往是那顆仁愛的心。

第9天・關鍵是自己拯救自己

面對問題
走出禁錮
戰勝自己心中的恐懼
洞悉成功背後的努力
看清什麼才是美好人生
了解世上沒有白吃的午餐
選擇適用的，不是最美的
懂得寬恕，心靈才能自由
善惡只在一念間
相信真情是相對的付出
接受逃避不了的痛苦
失去時，想想自己的所有

面對問題

痛苦與歡樂是一體兩面的，就像黑暗與光明是相互交替的一樣，只有知道怎樣使自己適應它們，並有智慧去尋求化解的人，才懂得生活。

有個人一臉失意的去找朋友聊天，他無奈的對朋友說：「我整天遇到的，都是問題，我真是受夠了。如果你能幫助我，解決我所有問題，我願意馬上捐贈一筆錢，到慈善機構去。」

「我知道，有一個幾千人居住的大社區，他們沒有一個人有任何問題，你喜歡去那裡嗎？」他的朋友聽完之後說。

「那裡聽起來似乎是我想要去的地方。」這人興奮的回答。

他的朋友把他帶到一座墓園，然後對他說：「據我所知，沒有問題的人都已經不在世上了。」

●每天改變一點點

問題層出不窮，無時不有，也無處不在。你所碰到的問題，不是來阻擋你的，而是在幫助你成長的。如果能以正確、樂觀的心態面對它，生活就會輕鬆得多。

DAY 9

走出禁錮

競爭風起雲湧的時候，老實、聽話，不再是好員工的標準。勇於接受挑戰，勇於打破常規，勇於嘗試別人所不能的，你才能做出更優秀的業績，並能得到老闆的賞識。

有一天，公司總經理叮囑全體員工：

「誰也不准走進八樓那個沒掛門牌的房間。」但他沒解釋為什麼。

在這家營運不錯的公司裡，員工們都習慣了服從，大家牢牢記住了總經理的吩咐，誰也不去進那個房間。

一個月後，公司招募了一批年輕人，同樣的話，總經理又向新員工重複了一遍。這時，有個年輕人在下面小聲嘀咕了一句：「為什麼？」

總經理看了他一眼，滿臉嚴肅的回答：「不為什麼。」

回到崗位上，那位年輕人的腦子裡，還在不停的閃著對那個神祕房間的狐疑念頭。心想：那又不是公司部門的辦公用地，也不是什麼重要機密的存放處，為什麼要有這樣的吩咐呢？

年輕人決定去探個究竟，查看到底是怎麼回事。

同事們紛紛勸他，說：「何必冒這個險嘛，不聽經理的話，有什麼好結果？這分工作來之不易呀！」

年輕人起了牛脾氣，執意要去看個究竟。他走到那房間前，輕輕的叩門，沒有人應聲。他隨手一推，門開了，只見到不大的房間中，只擺了一張桌子，桌子上放著一張紙條，上面用紅筆寫著幾個字：「拿這張紙條去見總經理。」

年輕人很失望。心想：既然已經做了，就乾脆做到底。於是硬著頭皮拿著紙條走進總經理辦公室。當他從總經理辦公室出來時，不但沒有被解雇，反而被任命為銷售部經理。

「銷售是最需要創造力的工作，只有不被條例規矩限制住的人，才能勝任。」

總經理給了大家這樣一個解釋。最後，那年輕人果然沒有讓經理失望。

每天改變一點點

這個故事，不是鼓勵你與上司唱反調，只是想告訴你，有些條例規矩所設置的禁區，其實正是留給勇敢的開拓者，一個尚待開發的處女地。你得先走進來，你才能走出去，而且走的更遠。

戰勝自己心中的恐懼

凡是成就大事的人，都具有頑強的毅力和百折不撓的信心，那些稍遇困難就退縮的人，永遠都會停滯不前，或僅止於抱怨命運的不公平。

有一夥人被困在沙漠之中，已經三天三夜沒喝水了，為了不至於渴死，他們決定分頭去尋找水源。為了不至於走散或迷路，他們約定，一旦某個人發現水源或需要幫助，就朝天鳴槍，其他人便趕來相救。

他們之中的一人，帶上分發到的五發子彈，腰上插著手槍，獨自向東方出發去尋找水源。他向東走了大約五公里，便口渴得再也走不動了。中午的太陽，毒辣辣的舔著大地上的一切。這人心想：

快發槍聲叫他們來救我，不然我非死在這個鬼地方不可。於是，他拔槍朝天打了第一槍。

槍聲響過以後，這人並沒有盼到同夥來解救自己。他心裡又想：肯定是他們沒有聽到槍聲。於是他又朝天空放了第二槍。

第二槍響過好一陣子，仍不見有人影。這人開始著急了，心想：他們肯定聽見槍聲了，可是卻不來救我，真是見死不救，這一定是個早就計畫好的陰謀。這人這樣想著，開始往回頭路走，並朝天放了第三槍。

第三聲槍響過後，這人加快了往回走的步伐，心裡開始咒罵起同夥來：這些謀財害命的傢伙，設計好了圈套讓我來鑽，我死了，他們就可以分我的財產，搶占我的房子。我要詛罵他們全部渴死，全被狼吃掉，全部熱死在沙漠……

「砰！」這人又放了一槍。

第四聲槍聲響過以後，這人彷佛看見自己在沙漠之中，孤身的與兇殘惡狼獨鬥，最後，成千上萬的惡狼，拖著長長的大尾巴，伸著長長的舌頭，向自己撲來……

「砰！」這人打出最後一發子彈。

當這人的同夥，帶著所尋得的泉水，從四方彙聚到槍聲響過的地方時，發現這人早已經倒在地上，把最後的一顆子彈，射進了自己的頭顱。

每天改變一點點

對意志薄弱的人來說，最後挫折他的敵人，不是別人，是他自己。不要總是指望別人的幫助，自己拯救自己，是擺脫困境的最好方法。

洞悉成功背後的努力

工作熱情高，並沒有什麼不對。但常常有人為了在最短時間內，把工作做好，不惜挑捷徑走，往往事與願違；而有那些腳踏實地、勤勤奮奮的人，卻反而能把事情做得快速又盡如人意。

有個國王聽說有一位畫家擅長畫水彩畫，有一天，就專程去拜訪他。

「請你為我畫一隻孔雀。」國王要求說。

一年後，國王再次登門拜訪畫家。

「我訂購的水彩畫在那兒？我曾經要你為我畫一隻孔雀。」

「你的孔雀就要畫好了。」

畫家說著，拿出畫紙，不一會兒功夫，就畫出一隻非常美麗鮮豔的孔雀。

國王覺得很滿意，但是價錢卻高得讓他大吃一驚，他連忙問說：「你只用那麼一會兒功夫，輕而易舉的就畫成了，為什麼需要這麼高的價錢？」

於是畫家領著國王參觀他的房子，發現每個房間都放著成堆畫著孔雀的畫紙。畫家轉頭對國王說：「這個價錢是十分公道的。你看起來毫不費力而似乎簡單的事情，卻花費我很多的時間和精力。為了在這一會兒的時間內，為你畫好這隻孔雀，我可是用了一整年的時間作準備！」

每天改變一點點

到達成功的峰巔，靠的是一步一腳印，並沒有什麼終南捷徑。輝煌的背後，是堅韌的毅力和辛勤的汗水。

DAY 9

看清什麼才是美好人生

金錢和地位對於貪婪的人來說，是沒有止境的。因為他們把一生的光陰，都犧牲在對金錢和地位這種無謂的追求上，即使最後得到了，也始終覺得虛空。

這是什麼意思呢？因為人世間的一切美好，會隨著韶華的流逝而一去不返。沒有享受的人生，也絕非美好的人生。即使擁有再多的名利，那也只是身外之物，到頭來，也還只占得三尺之居而已。

金錢不是生活的目的，而是生活的工具。

希臘偉大的國王亞歷山大大帝，一生叱吒風雲，在極短的時間內，就征服了歐、亞、非三大洲，並擁有了無數的財富、土地以及人民。據說他還曾為沒有可供征服的地方而傷心、落淚。

但是，這位歷史上極具成就的君王，三十多歲就因生病而面臨死亡。在他去世之前，他感觸良多，要求他的部屬在棺木上挖兩個洞，等他死後，讓他把雙手伸出來，露在外面。希望藉此昭告世人，雖然他擁有如此多的財富和崇高的地位，但是死了之後，卻是兩手空空，一樣都不能帶走。

●每天改變一點點

不要成為金錢和地位的奴隸。

了解世上沒有白吃的午餐

人生的奮鬥目標很多，關鍵在於你怎麼去選取。千萬不要浪費時間，去追尋虛無飄渺的人生目標，這樣恐怕只會是一敗塗地。因為彩虹雖然絢麗，但最終究還是會消失。

有一個人，因為偶然的機會，在地上撿到一張千元大鈔。他由於得到這筆意外之財，日後總是低著頭走路，希望還能碰到這樣的運氣。久而久之，低頭走路竟然成為他習慣的走路姿態。

若干年後，據他自己的統計，總共撿到鈕扣三萬九千多顆，針四萬多根，錢卻只有幾百塊。可是，他卻因而成為一個嚴重駝背的人，而且不曾好好的去欣賞過落日的綺麗景色、幼童的歡顏、大地的鳥語花香等，真可說是「得不償失」。

每天改變一點點

不要低頭。應該抬頭挺胸，直視這個世界。

選擇適用的，不是最美的

浮華的外表如同擺設，具有養眼的價值，卻沒有半點可用之處。真正適用的東西，永遠是質樸的。一隻價值連城的碗怕摔了、怕碰了、怕丟了，遠遠比不上一個普通的碗來得實在。用用品的時候，只當它是個用具，絕不能因為它值錢，捨不得用，甚至因而引起種種的擔心。

古代有一位將軍，有一張由黑檀木製成的硬弓。他用這張弓上陣殺敵，行圍狩獵，總是射得又遠又準。

有一次，他仔細把玩這張把弓時，心想：

這的確是把好弓，就是稍微顯得笨拙，外觀也無特色。不過，這是可以補救的……於是，他請來一位雕刻大師，想在弓的上面雕一些圖畫。

大師來後，經過斟酌構思，便在弓上雕了一幅完整的引獵圖，使這張弓看起來，更添非凡的氣勢。

「比原來完美多了。」將軍非常高興，一面仔細欣賞著說。

將軍一面說著，一面振臂試弓，只聽「啰嚓」一聲，弓應聲斷了。原來，雕刻傷害了木頭的紋理，降低了弓原本的承受力。

每天改變一點點

華而不實的東西，再怎麼裝飾，也不會創造任何價值。你需要的，就是使用它，而不是供奉它、做它的奴隸。

DAY 9

懂得寬恕，心靈才能自由

每一個人都可能遇上不幸的事，如果始終把它記在心上，那麼這種不幸將會永遠跟著你，即使你遇上高興的事兒，興奮程度也會大打折扣。如果非要為寬恕找個正當的理由，那麼最好的理由就是：讓自己的心靈獲取自由。

一位從日本戰俘營死裡逃生的人，去拜訪另一個當時關在一起的難友。他問這位朋友說：

「你已經原諒那群殘暴的傢伙了嗎？」

「是的！我早已經原諒他們了。」

「我可是一點都沒有原諒他們，我恨透他們了。這些壞蛋害得我家破人亡，至今想起來，仍讓我咬牙切齒，恨不得將他們千刀萬剮……」

他的朋友聽了之後，靜靜的應聲道：

「這樣看起來，他們好像還繼續監禁著你……」

每天改變一點點

使心靈傷口癒合的良藥，是懂得寬恕。記恨別人的同時，也是一種對自己的殘忍。心無芥蒂，心靈才能自由飛翔。

善惡只在一念間

「惡有惡報，善有善報。」善與惡僅僅是一念之差，而善與惡的果，也僅僅取決於這一念之差。

有個惡人，死後被打入十八層地獄。於是他開始懺悔，對自己以往的種種惡行，痛悔不已，發誓如果真有來世，定當改過自新。

他的誠心、善言，終於打動了天帝，天帝往地獄中垂下一根蜘蛛絲，讓他抓住爬上來。這個人大喜過望，立刻抓住蜘蛛絲往上爬。其他惡鬼見狀，也紛紛跟著他往上爬，一個接著一個，個個都恨不能馬上離開地獄這個鬼地方。

這個惡人起初想，我要改過向善了，讓他們同我一起新生也無妨。但抓住蜘蛛絲的惡鬼越來越多，蜘蛛絲不斷的搖搖晃晃，好像馬上就要斷了似的。

惡人終於急了，他抬起腳，惡狠狠的向下邊踹了下去，就是這一念之惡，蜘蛛絲立刻從他的頭頂上斷了，一串惡鬼又重新回到地獄之中。

每天改變一點點

其實，生活中往往就是這樣，幫助別人得到他想得到的，你就會得到你想得到的，而心存惡念的人，永遠都不會有好下場。

相信真情是相對的付出

想要獲得別人的真情，首先得以真情待人。如果用虛情假意待人，別人也會以同樣的心來待你。

有一位富翁，為了測試別人對他是否真誠，就假裝生病住進醫院。富翁逢人就說：「很多人來看我，但我看出其中有許多人，都是看中了我的遺產而來的，特別是我的親人。」

「你的朋友來看你了嗎？」有人問他。

「經常和我有往來的朋友都來了，但我知道他們不過是當作一種例行的應酬罷了。還有幾個平素和我不睦的人也來了，我想他們肯定是聽到我病重的消息，幸災樂禍的來看熱鬧。」

照富翁的說法，他測驗的結果是：根本沒有一個人，對他有真正的感情。

這個富翁就是，只知道測驗別人對自己是否真誠，而從來不檢視一下自己，對別人是否真誠。

●每天改變一點點

其實誰都不傻，人心都是肉做的，你對人家虛情假意，就別指望別人會對你真心誠意。

接受逃避不了的痛苦

人的目光應該放長遠一點，不能只看到自己的腳尖。那些目光短淺、急功近利的人，大都是會吃虧的。

有一個財主犯了罪，被帶到縣太爺那裡審問。縣太爺為了證明自己是個清官，提出了三種懲罰的方式，讓財主選擇。

第一種是罰財主五十兩銀子，第二種是抽財主五十個皮鞭，第三種是讓財主生吃五斤大蒜。財主既怕花錢又怕挨打，就選擇了第三種。於是，在人們的圍觀下，開始吃大蒜。

「吃大蒜倒不是什麼難事，這是最輕的懲罰。」當吃第一顆大蒜時，財主這樣想。

可他越往下吃，越感到難受，吃完兩斤大蒜的時候，他感到自己的五臟六腑都在翻騰，像被烈火炙烤一樣。

「我不吃大蒜了，我寧願挨五十個皮鞭！」財主不得不流著淚喊道。

執法的衙役剝去財主的衣服，把財主按到一條板凳子上，當著他的面，把皮鞭蘸上了鹽水和辣椒粉。財主看得膽戰心驚，嚇得渾身發抖。當皮鞭落在財主的背上時，財主像殺豬一樣的號叫起來。打到第十下的時候，財主痛得屁滾尿流。

最後財主終於忍受不住痛苦的叫道：「青天大老爺啊！可憐可憐我吧！別再打我了，罰我五十兩銀子吧！」

每天改變一點點

有些人為了省錢，寧願忽視自己的健康，等到他嘗夠了苦頭，不得不為健康大把花錢時，才大大的悔恨。早知如此，何必當初？

失去時，想想自己的所有

很多時候，失去其實意味著獲得，關鍵是我們的心裡怎麼想。

夏天的傍晚，一個美麗的少婦投河自盡，被正在河中划船的老艄公救起。

「妳年紀輕輕的，為什麼要尋短？」艄公問。

「我結婚兩年，丈夫就遺棄了我，接著孩子又病死……您說，我活著還有什麼樂趣呢？」少婦哭訴道。

「那麼，兩年前妳是怎麼過的？」艄公又問。

少婦的眼睛亮了：「那時我自由自在，無憂無慮……」

「那時你有丈夫和孩子嗎？」

「當然沒有。」

「那麼你不過是被命運之船，送回到兩年前，現在妳應該又可以自由自在、無憂無慮才

DAY 9

對呀！請上岸吧！」

少婦上了岸，坐在岸邊，看著艄公把船搖走。她揉了揉眼睛，恍如做了一個夢。她想通了艄公的話，便離岸走了。

每天改變一點點

命運有時會與人開玩笑，你又何必太認真呢？反正大家都是赤條條的來，赤條條的去，不妨把得失看成一種人生體驗吧！

第10天・向前一步就能做得更好

喚起信念的千鈞力量

「意識對物質具有能動作用。」

這一哲學觀點積極意義的具體表現，就是明確而堅定的意識，對事物的本身具有推動的作用。它能改變你所處的困境，變被動為主動。主動出擊的結果，必然強於被動的接受。所以，一定要特意培養一種強者的意識，只有這樣，才能成為生活中的強者。

日本有一位名叫大波的相撲高手，他不但體格強壯，而且精於摔跤。在私下較量時，他厲害非凡，有時候連他的老師都不是他的對手。但是一到正式比賽時，他卻靦腆得連新手都打不過，使他很氣餒、很自卑。

有一天，他遇見了一位禪師，大波請禪師為他解惑。禪師說：

「你叫大波，那麼你就想像自己是巨大的波浪，能橫掃千鈞、席捲一切，沒有任何人、任何東西能阻擋你。你只要時時刻刻這樣想，不久你就會成為全國最偉大的相撲高手了。」

於是大波就在寺裡打坐，嘗試把自己想像成巨浪。起初他的雜念紛飛，但不久之後，他慢慢感覺到，當他想像自己是巨浪時，就如同自己置身在浪中，化成巨浪，所到之處，無論是堅固的房子，還是多麼龐大的樹木，都被這股巨浪沖襲得無影無蹤。

從此之後，大波比賽不再靦腆了，他永遠把自己當作巨浪，沒有一位對手，不被他拋到丈外，從此天下無敵。

每天改變一點點

「能動亦致遠」，讓自己成為自己心靈的主宰。想像自己是高山，所作所為，就一定不會是平地。

隨時讓快樂啟航

「心者，形之君也，而神明之主也。」這句話的意思是，積極的思考，才能讓你擁有快樂。

有一個小男孩高興的拿著一大個蛋捲霜淇淋，一邊走、一邊吃，好不快活。忽然一個不小心，整個可口的霜淇淋掉落到地上，散成一片。

這個男孩子待在那裡不知所措，甚至也哭不出來，只是睜大了眼睛，看著一地的霜淇淋。

「好吧，既然你碰到這樣壞的遭遇，脫下鞋子，我給你看一件有意思的事情！」這時有個老太太走過來，對小男孩說。

接著，老太太又說：「用腳踩霜淇淋，重重的踩！霜淇淋會從你的腳趾縫隙中冒出來喲！」

小男孩子照著老太太的話做了。

「我敢打賭，這裡沒有一個孩子嘗過腳踩霜淇淋的滋味哩！現在趕緊跑回家去，把這個有趣的經驗告訴你媽媽。」

老太太高興的笑著說：「記住呀！不管遭遇什麼事，你總是可以從中找到樂趣啊！」

每天改變一點點

任何事物都有積極和消極的一面。如果你選擇積極的一面，正面的思考，就會幫助你克服困難，看到樂觀的一面；如果你選擇消極的一面，你所看到的，就是悲觀、失望的一面。

瞭解自己擁有的一切

海邊的人喜歡看山，山裡人喜歡看海、看平原。城裡人寧願花錢到郊區遊覽，可是鄉下人卻拚命往城裡擠。這就說明了一點，得不到的東西，總是令人嚮往，而嚮往可以讓人生出追求的心。

追求的心無可厚非，只是千萬不要變成痛苦。尤其應多看看自己所擁有的，也許那正是別人所羨慕的。

有一天，一位富有的父親，帶著小兒子到鄉下旅行，主要的目的，是想讓小兒子見識一下，窮人是怎麼生活的。他們在農場最窮的人家裡，住了一天一夜。

「你覺得這次的旅行怎麼樣啊？」旅行結束後，父親問小兒子。

「好極了！」小兒子回答。

「這回你終於知道，窮人是怎麼過日子了吧？」

「是的！」

「你有什麼感想呀？」

「真是棒極了，他們一家人真幸福啊！咱家只有一條狗，我發現他們家卻有四條狗；咱家只有一個水池通向花壇的中央，可是他們竟然有一條望不到邊的長河；我們的花園裡只有幾盞燈，可是他們卻有滿天的星星。還有，我們的院子只有前院那麼一丁點兒，可是他們的院子，卻是整個農場那麼大耶……」

兒子說完，父親啞口無言。接著小兒子又加上一句話：

「感謝父親讓我明白，我們是多麼貧窮。」

每天改變一點點

用欣賞的眼光，看待身邊的一切，快樂就會永遠跟隨你。金錢可以讓人快樂，但真正的快樂，絕不僅是擁有金錢。

向前看、向前走

勝而不驕，方為智者。沒有永恆的榮譽和成績，可以讓你一生享用不盡。勇於創造、勇於放下所得到的，才是真正的勇者。如果只是滿足於既得的成績，在榮耀的光環裡沉浸不已，只能讓你沉緬其中，裹足不前。

許多大企業家、科學家，無不是在不斷的創造和爭取中，獲得更好的成績。同樣的，做事也是如此，向前看，腳步才能向前。

有位客人來到女科學家的家裡作客，當他看見女科學家的孩子在玩一枚動章，立刻驚叫起來，說：

「哎呀，你的孩子把妳的榮譽動章當玩具玩了！」

「不，是我給她玩的！」女科學家說。

「妳知道嗎？妳的這枚英國皇家協會的動章，可是許多人夢寐以求的。妳卻把它當小孩的玩具！」

「我只想讓孩子從小懂得一點：榮譽、動章這些東西，代表著過去，現在，它頂多只是手中的一件玩具而已，玩厭了，隨時都可拋棄。但未來，卻等著他重新去創造。」女科學家淡淡的一笑說。

玩動章的女孩長大以後，果然沒有辜負母親的期望，她跟她的媽媽一樣，都成了獲得諾貝爾獎的女科學家。

這對母女科學家，就是居禮夫人和她的女兒。

每天改變一點點

榮譽與成績，代表的是過去，如果死抱著不放，只能被它們拖向從前。

辛勤的播種

生命的過程是漫長的，每一分平安和快樂，都需要不斷的付出和爭取。

「種瓜得瓜，種豆得豆。」想得到什麼，就要播什麼樣的種。沒有天上掉下來的成功，也沒有不需努力就能擁有。

有一位婦人，夢見自己走進一家新開張的商店。不可思議的是，櫃台後面站著的，竟然是一位天使。

「您都賣些什麼東西呀？」婦人興奮的問道。

「你心中所想要的一切。」天使微笑著回答。

婦人有點不敢相信自己的耳朵，最後決定買一些人心最渴望的東西。

「我要買平安、愛、快樂、智慧、剛強……」她連珠炮似的說。

「這不是只為我自己買，是為我所有的家人買的。現在……我可以拿貨了嗎？」婦人想了一下，又補充說。

「我想你弄錯了，我們這裡不賣『果實』，只賣『種籽』。」天使仍然微笑著說。

每天改變一點點

只有在春天忠實播種的農夫，才能在秋天得到豐碩的果實。

要思考、也要行動

「學而不思則惘，思而不學則殆。」思和學是互動的兩個層面，同樣，思和行動也是如此。只是思考而不去加以實踐和印證，思考就毫無意義可言。沒有哪個思想家，單靠「思」就可以成為偉人。就如同每件事，無論你想到了一個多麼完美的點子，想出了多麼成功的策劃，如果你不去做，那麼你的想也只是空想，成不了任何實質的事。

「你成為一名偉大的思想家，成功的關鍵是什麼？」有人問布萊克。

「多思、多想！」布萊克回答。

這人懷抱著珍貴「心得」，回去躺在床上，望著天花板，一動也不動的開始多思、多想。一個月以後，布萊克在回家的路上，遇見了那人的妻子，她對布萊克說：

「求你去見見我丈夫一面吧！他自從由你那裡回來之後，就像中了邪一樣。」

布萊克疑惑的到了那人的家，只見那人變得骨瘦如柴，正拚命掙扎著爬起，對布萊克說：

「我每天除了吃飯之外，都一直在思考，你看我離偉大的思想家還有多遠？」

「你整天就只想不做？那……你想到了些什麼呢？」布萊克問。

「想的東西可多了，多到連頭腦都裝不下了。」那人回答說。

我看你的收穫，恐怕全是垃圾。」

「垃圾？」

「只想不做的人，只會製造思想垃圾。」布萊克答道。

●每天改變一點點

成功是一把梯子，雙手插在口袋裡的人，是爬不上去的。思考和行動是成功的必要條件，兩者缺一不可。

用心了解真相

「假作真時，真亦假，真作假時，假亦真」、「真人不露相，露相不真人」，這些俗諺無非就是在告訴我們，不要太過於相信自己的眼睛，否則就容易出錯。

聖人孔子周遊列國時，在陳國、蔡國之間，曾經非常困窘，只能吃些野菜，七天沒有任何糧食可吃。孔子白天躺著睡覺。他的學生顏回去討米，討來米後燒火煮飯，飯快煮熟時，孔子看見顏回抓取了一把鍋裡的飯吃。

過了一會兒，飯煮熟了，顏回拜見孔子，並且端上飯食。孔子假裝沒看見顏回抓飯吃的事，起身對顏回說：

「今天我夢見了先君，你把飯弄乾淨了，然後先去祭祀先君吧！」

「不行。剛才有灰塵掉進飯鍋裡，因為把沾到灰塵的飯丟掉不好，我就抓出來吃了。用這樣的飯祭祀先君，是不敬的。」顏回連忙回答。

「相信眼睛，可是眼睛看到的，還是有不可相信的部分；憑靠隨意判斷，可是隨意判斷的，也會有不足以憑靠的部分。學生們，要記住啊！瞭解一個人，本來就不是件容易的事呀！」孔子這才明白怎麼回事，歎息了一聲說。

每天改變一點點

人們常說「眼見為憑」，可是眼睛看到的，也有時候只是表面現象而已。在待人接物方面，我們不能只相信眼睛和隨意的判斷，要十分用心去了解真相才行。

衡量金錢與親情的輕重

時間就是金錢。

許多人為了多賺點錢，將大部分時間用在工作上，卻捨不得花一丁點兒時間，來陪那些在乎他們、關心他們的家人。然而賺錢畢竟不是人生的全部，生活中還有許多比賺錢更重要的東西。

一位父親下班回到家，已經很晚了，他覺得很累並有點兒煩。這時，他發現五歲的兒子，靠在門旁等他。孩子用無辜的眼神看著他說：

「爸爸，我可以問你一個問題嗎？」

「什麼問題？」

「你一個小時可以賺多少錢？」

「這與你無關，你問這個問題幹什麼？」父親厭煩生氣的回答說。

「我只是想知道嘛！請你告訴我，你一個小時賺多少錢？」小孩繼續哀求著。

「假如你一定要知道的話。嗯……我一個小時差不多賺二十塊美金。」

「喔……」

小孩低下了頭，接著說：「爸，可以借我十塊錢美金嗎？」

父親發怒的說：「如果你問這個問題，是為了要借錢去買毫無意義的玩具，那麼現在馬上給我回到你的房間，並上床去好好想想，你是不是很自私？我每天長時間、辛苦的工作，沒時間和你玩小孩子的遊戲。」

小孩安靜的回到自己房間，並依言上了床。

父親坐了下來，餘怒未息。大約一個小時後，他平靜下來，開始覺得他可能對孩子太凶了。或許孩子真的很想買什麼東西，何況孩子平時也很少要錢。

疲累又悔恨交加的父親，走進小孩的房間，問道：「你睡了嗎，孩子？」

「爸，我還醒著。」小孩回答。

「我剛剛對你太凶了。」父親愧疚的說：

「我把今天在公司受的氣，都發在你身上了……這是你要的十塊錢美金。」

「爸，謝謝你。」小孩歡欣鼓舞的叫著、跳著，然後從枕頭下拿出一些被弄皺的鈔票，慢慢的數著。

「咦！你已經有錢了，為什麼還向我要？」父親看了，又生起氣來。

「因為之前的錢還不夠嘛！但我現在夠了。」小孩一面解釋，一面說：「爸，我現在有二十塊錢了，我可以向你買一個小時的時間嗎？明天請早一點回家，我想和你一起吃晚餐。」

●每天改變一點點

時間可以換取金錢，也可以換取家庭的親情和快樂。但有些快樂是用錢無法買到的。

得到的前提是要付出

「一分耕耘，一分收穫」，不論你想得到什麼，只有通過勞動的付出，才能獲取你的所需，天下沒有白吃的午餐可供你享用。想要，就盡己所能去爭取。

舅舅從南洋經商回來，帶了禮物給兩位外甥——大寶及小寶，各送他們十雙非常精緻名貴的象牙筷子。

大寶收到了精緻名貴的象牙筷之後，心想：

這麼精美的象牙筷，如果沒有好的碗碟來相配，真是糟蹋了。

於是更加勤奮的工作，賺了一些錢，買了一套很好的餐具，來陪襯著象牙筷。

不久之後，他聽到客人及鄰居說：「餐具真是精緻漂亮極了，可是餐桌、椅子太寒酸了。」

於是，大寶為了要買一套好的餐桌、椅來相襯，又賣力的工作，賺了一些錢，去買了一套精美的餐桌、椅。

過了不久，客人及鄰居又說：「餐廳的用具那麼講究，和家裡其他部分卻不能相襯。」

大寶一想，也真是如此。於是再認真努力的工作，存了許多錢，好好把家裡重新裝飾了一番。

不久，客人及鄰居又說：「家裡布置的美侖美奐，可是，家人的衣飾打扮實在不太搭調。」

於是大寶更加緊努力工作，賺了更多錢，徹徹底底的將全家大小，由上至下都打扮了一番。

經過一兩年的努力之後，大寶一家人有了一百八十度的大轉變，生活水準日漸提高，鄰居、朋友讚不絕口，羨慕不已。

但是大寶的弟弟小寶的情形就完全不同了。小寶收到了那十雙精緻名貴的象牙筷之後，一直沒有使用它。後來聽說大寶買了一套非常精美的餐具，來搭配那雙名貴的象牙筷，親友們都讚美不已。小寶一想：我可不能輸給哥哥。

於是也想買一套漂亮的餐具，但他不知道大寶是努力工作，賺錢去買來的，為了要和哥哥一樣，就向朋友借了一些錢，也買了一套精美的餐具。

過了不久，他聽說大寶為了要配那精美的餐具，又買了一套精緻的餐桌、椅子，於是他又向朋友借了一些錢，也買了一套餐桌、椅子。

又過了不久，小寶聽說哥哥家為了要讓那些精美的餐具及餐桌、椅子更出色，又花錢將全家大大地整修了一番。小寶為了面子，不得不再向朋友借錢，也將全家上下裝修一遍。

又過了一陣子，小寶又聽說哥哥全家大小穿的、用的都大不同從前，不但品味高而且還是名牌。小寶心想一定不能輸給哥哥。於是又硬著頭皮開始向朋友借錢。

許多朋友看到小寶這樣揮霍，又沒有額外增加收入，朋友都遠離了他，最後只剩下一大堆債主圍繞在他身邊。

●每天改變一點點

行動有行動的結果，每一個人的命運，都取決於他自己的行動取向。與人比較不是競爭。所以，與人比較的時候，最好想想自己的處境，然後再想想該怎樣努力付出，才能比別人擁有更多。

給自己創造希望

「盡人事，聽天命」。這句話絕對有它的不是沒有一點道理。努力了，你至少擁有一半的成功機率，而聽之、任之，就此沉淪的結果，只有死路一條。

其實，機會永遠存在著，只要你還活著，你就有希望對既定的事情有所改觀。所以，不要輕言放棄，希望就會在你的努力中產生，並在努力中實現。

有三隻青蛙，一起掉進鮮奶桶中。

「這是命呀！」第一隻青蛙說。

於是盤起後腿，一動不動的等待著死亡的降臨。

「這桶子看來太深了，憑我的跳躍能力，是不可能跳出去了。今天死定了。」

第二隻青蛙說道，於是，牠沉入桶底，等死去了。

第三隻青蛙打量著四周說：「真是不幸！但我的後腿還很有力，我要找到墊腳的東西，跳出這可怕的桶子！」

於是，這第三隻青蛙一邊划、一邊跳，慢慢的，牛奶在牠的攪拌下，變成了奶油塊，在奶油塊的支撐下，這只青蛙奮力一躍，終於跳出牛奶桶。

「希望」救了第三隻青蛙的命。

每天改變一點點

有「希望」，是最大的幸福。有了它，你就不會退縮，你也不會駐足不前。「希望」能給你重生的力量。

找出自己的財富

很多剛步入社會的人，總怨聲歎氣的為「沒有創建偉業的基礎」而苦惱。成天為此彷徨、猶豫，到頭來一事無成卻心安理得，而且還理直氣壯的跟人說：

「如果那時我有好的條件，也會成功啊！」

一個老人在一條小河邊，遇見一位憂鬱的年輕人。這位青年一直咳聲歎氣，滿臉的愁雲慘霧。老人忍不住關切的問道：

「年輕人，你為什麼這麼鬱鬱不樂呢？」

「我是一個名副其實的窮光蛋。我沒有房子，沒有老婆，也沒有孩子；我也沒有工作，沒有收入，整天有一頓、沒一頓的度日。老人家，您看，像我這一無所有的人，怎麼能夠高興得起來呢？」年輕人看了一眼老人，歎了口氣說。

「傻孩子，」老人笑著對他說：「其實，你應該開懷大笑才對呀！」

「什麼？開懷大笑！為什麼？」年輕人不解的問。

「因為，你其實是一個百萬富翁耶！」老人表情有點兒詭祕的說。

「百萬富翁？老人家，您別拿我這窮光蛋尋開心了。」年輕人不高興的轉身想走開。

「我怎會拿你尋開心？年輕人！是真的，不然你現在回答我幾個問題……」

DAY 10

「什麼問題？」年輕人有點好奇的反問。

「假如，現在我出二十萬元，買你的健康，你願意賣嗎？」

「當然不願意。」年輕人用力的搖搖頭。

「那……假如現在我又出二十萬元，買走你的青春，你就有錢了，但從此會變成一個老頭兒，你願意嗎？」

「自然也不願意呀！」年輕人很乾脆的回答。

「那假如，我再出二十萬，買走你的好容貌，你就有錢了，但從此會變成一個醜八怪，你可願意？」

「不願意！當然不願意！」年輕人的頭搖得更厲害了，簡直像搖撥浪鼓。

「假如，我再出二十萬，買走你的智能，你就有錢了，但你從此渾渾噩噩，虛度一生，你可願意？」

「傻瓜才願意呢！」年輕人一扭頭，又想走開了。

「別急，年輕人！請再回答完我最後一個問題。假如現在我再出二十萬元，讓你去殺人放火，你就有錢了，但你從此失去良心，你可願意？」

「天哪！誰會幹這種缺德事，魔鬼才願意做呢！」年輕人憤憤的說道。

「好了，剛才我已經開價一百萬了，可是仍然買不走你身上的任何東西，你說，你不是百萬富翁，又是什麼？」老人微笑著說道。

年輕人這才恍然大悟，展開笑顏謝過老人的指點，又微笑著向遠方走去……從此，年輕人不再歎息，也不再憂鬱，帶著微笑尋找他的新生活去了。

每天改變一點點

如果每個人都了解自己所擁有的「財富」，並為之感到滿足，那麼，這個世界上就不會有窮人了。所以，人生的悲哀，不是沒有擁有財富，而是沒有意識到自己擁有的「財富」。

累積經驗就是最佳財富

也許你現在很貧窮，但你不斷的學習和摸索，就是一種無形的財富，這些財富就是你成功的起點。

沒有多少人能像中彩券似的，一夜致富。平實的去充實自己的人生，成功就會像一座殿堂頂部般的輝煌。每一分勤奮的努力和知識的積累，就是這座殿堂的基石。

李岩是一位山裡走出來的優秀企業家。貧窮、苦難的山中生活，磨練出李岩的勤奮與好學。當年他懷著對知識的渴望，和改變貧窮的強烈願望，走出了大山，一無所有的來到上海這座繁榮而又擁擠的大城市。

但饑餓和無知並沒有消磨他的志向。他從為一家麵館打工，開始了他人生旅程的跋涉。他拚命學習，掌握了許多麵館的工作，並經常挑燈夜讀，增廣見聞與知識。

三年後，他在麵館裡成了一名經理。研究經營之道，便又成了他生命的課題。五年後，他自己開了一家小麵館，管控著麵館內外的所有工作。十年後，他開了幾十家連鎖店，並深深體會經營者的艱辛與喜悅，從中汲取經驗。十五年後，他站在聽眾雲集的演講台上，以全國最優秀的企業家資格，發表演講。

李岩認為他的人生無可炫耀。他只想將自己的故事講出來，以便能鞭策後人。正當他講自己是一個未上過學的山裡人時，演講台下一陣騷動。有一個人用嚴厲的聲音說道：

「別囉嗦，你只需要告訴我們，你是怎麼從一個窮鄉巴佬，變成一個富翁的？」

「你急切想知道答案嗎？」

「當然。」

「那請上台來吧！」

那人在台下猶豫了片刻，然後傲然走上演講台。他睥睨的看了看李岩，不可一世的等著他的回答。

李岩並不作聲，而是在一片驚訝的目光下，將自己的名牌服裝、名錶、戒指等一切都交給那個人，直到只剩下一條短褲。台下一片叫嚷聲，上台來的那人，也茫然不知所措。

最後李岩平靜的對大家說：「十五年前，我就是這個樣子來到上海的。今天若拿走我的一切，乃至於把我丟進沙漠，只要我還能活著回來，十五年後，我還是會成為一個千萬富翁來這裡演講。我花十五年所積累的，並不只是財富，而是勤奮和豐富的經營知識。」

台下一片雷鳴般的掌聲。

●每天改變一點點

不積跬步，無以致千里。只有不斷的累積，才能豐富你的人生。

第11天．自適才能跳脫羈絆的牢籠

不被心靈的枷鎖扼殺
能在緊張時刻微笑
自己也需要安慰
尋找快樂的泉源
選擇適合自己的生活方式
做自己的最佳主角
珍惜現在所擁有
能夠心如止水
用心靈傳遞真愛
愛要愛得適當
尊重每一個需要被救贖的生命
及時愛你的至親愛人

不被心靈的枷鎖扼殺

失敗的人之所以失敗，就是因為他們經不起任何打擊，這些人碰到一點困難，就永遠退縮了。

有位科學家，將一平常可以跳躍超過三十公分高的跳蚤，放在一個透明的玻璃杯裡面，這個玻璃杯的高度只有十五公分，也就是只有這隻跳蚤所能跳躍最高限度的一半。

一開始，這隻跳蚤在玻璃杯裡跳躍時，頭部會撞到玻璃杯蓋。於是跳了幾次之後，跳蚤為了不讓自己的頭部撞到杯蓋，就改用一半力氣去跳，果然牠的頭部再也沒撞到杯蓋。

經過了一段時間後，科學家把玻璃杯蓋取下，讓這隻跳蚤能自由的跳躍。結果，這隻跳蚤所跳的高度，還是只有十五公分。

●每天改變一點點

人的心一旦在挫折中變得乖順和痲木，那麼，行動的欲望和潛能，將會被這道無形的心靈枷鎖所扼殺。

能在緊張時刻微笑

對著鏡子微笑，鏡中人會還你以微笑，快樂原來如此簡單，笑對人生，你將感覺到，成功也是如此簡單。

生活有時候就是如此。越緊張、越刻意，就越獲得不到好的結果。這是因為它會讓你放不開你的技術和心態，造成心理障礙，讓你不能從容的去面對。所以，無論什麼時候、遇到什麼事，請保持一種平和的心態。

某屆世界女子排球錦標賽，在祕魯舉行。一女子國家排球隊初戰失利，以〇比三輸給了美國隊。當時美國女排欣喜若狂，輸掉比賽的女排球隊隊員們，眼裡滿噙著淚水，精神受到很大的打擊。

在這個關鍵時刻，教練抑制著自己心中強烈的悲痛，對場上的隊員說了幾句話：

「大家把頭抬起來，有淚往肚子裡吞，不能哭，現在不是哭的時候！『哭』不是我們給人的形象。我們的『球』輸了，但『人』並沒有輸！」

這幾句話，穩住了大家的情緒，鼓起了她們奪取最後勝利的信心。

之後的比賽，該隊以良好的競技姿態，出現在賽場，與蘇聯隊作冠軍決賽。打到關鍵一局，分數是十二比十四，發球權多次易手，最後一分總拿不下來。女排球隊隊員有些急躁情緒。這時教練又對場上的隊員說：

「我現在不跟妳們講技術，我現在只要求妳們笑一笑，不要把臉拉得這麼長。放鬆去打，笑著去打。」

幾句輕鬆的話，緩和了隊員們的緊張心情。最後力克對手，為國家奪取了冠軍獎盃。

每天改變一點點

緊張的對壘，需要張弛有度的心情。放鬆心理，才能放開技術，放開手腳。舒緩的前進，是最為堅實的一種策略。

自己也需要安慰

人生不如意的事十有八、九，如果不能放下，便成為自己的包袱。包袱太重了，就會把人累垮。

其實如果你刻意不去想不如意的事，它很快就會消失；甚至只要勸勸自己，事情的陰影就會自然淡化。

曾經有一位年輕父親，在街上推著一輛娃娃車，可是小傢伙在車裡大哭大鬧，吵個不停。父親低聲對他說：「小峰，別急，別生氣，馬上就好了，馬上就會好了。」

有位女人看到這一幕，很感動，上前向他說：「先生，你真了不起，這麼溫柔的跟孩子說話，真是又體貼、又有愛心。」

然後她俯下身，對小孩說：「小峰寶寶，別哭了，你有個多麼好的爸爸呀！」

年輕父親立刻向女人解釋：「不是啦！他叫順順，我才是小峰。」

每天改變一點點

碰到難題時，不妨對自己說幾句寬慰的話。能克制自己情緒的人，才是智者。

尋找快樂的泉源

感到孤寂時，要能夠從生活中找到樂趣。遇到麻煩時，要能夠找到解脫的方法。遭受不幸時，要知道從痛苦中掙脫出來。這樣一來，你的心裡自然會是一片光明。

有一個退休的單身老士官，經常走一段很遠的路，來熱鬧的菜市場，找一位鎖匠。因為他常常不小心把門反鎖，要麻煩鎖匠去幫他開鎖。

他在鎖店聊了好一會兒，還對鎖匠說：「不用著急，等你忙完其他事，再過去我家。」

然後，他一個人又慢慢的踱回去，坐在自己的家門口，等待鎖匠的到來。當鎖匠輕而易舉的打開門後，老士官總是客氣的請他喝一杯茶再走。

久而久之，鎖匠漸漸和老士官熟識，卻越來越納悶：為什麼他的大門常常反鎖？幾乎一個禮拜就會發生一次。

後來經過仔細觀察才明白，原來老士官一個人住，無聊之至，有時是故意把門反鎖，讓自己走長長的一段路去找鎖匠、等鎖匠、開鎖、喝茶、聊天……，只須花個一、二百元的開鎖費，就可以打發他大半天無聊的時間了。

每天改變一點點

善於從生活中找到樂趣的人，永遠也不會孤獨。故事中，同時也反應了我們社會的一種現象，老人更需要關懷。

選擇適合自己的生活方式

有位主人的家裡，養著一條小狗和一頭驢子。每天當主人回來時，小狗總是飛快的迎上去，又是搖尾巴又是親熱的吠叫。主人也總是高興的撫摸著小狗，小狗這十常會伸出舌頭，溫柔的舔著主人的臉……

驢子看著這一切，心中很是不快活。心想：自己只知道這麼埋頭苦幹根本不行，到頭來事兒做得多，還經常挨打。而小狗什麼事兒也不用做，反而得到主人歡心，真是不錯！看來得想個辦法，與主人聯絡、聯絡感情才行。

拿定主意之後的驢子，一等主人回家進門時，也大叫著迎了上去，把蹄子搭在主人肩上，伸出舌頭。沒想到主人又驚又恐，使勁兒把牠推開。驢子重重的摔在地上，又被主人狠狠的打了幾鞭。

驢子很傷心，不斷埋怨主人太不公平。

每天改變一點點

既然自己是「驢子」，就不要勉強自己去學「狗」，「主人」需要「寵物」來消遣，但也需要「驢子」來做事。做好自己的事，「主人」自然會欣賞你。

做自己的最佳主角

肯定自己是獨特的，自己的存在是有價值的。不要總是羨慕別人怎麼樣，世上沒有十全十美的人。你的個性，你的優點，也許正是別人所缺乏的。與其整天懷抱著「如果我是他多好」這種無聊的想法，不如扮好自己的角色，做好自己。

大地回春，萬象復甦。小草纖弱的身體從地裡冒出來，用怯生生的眼光，打量這個熱鬧的世界。忽然，小草有點兒傷感的說：

「唉，我們小草在這個世上，是多麼的渺小啊！簡直微不足道！連一隻螞蟻也可以欺負我們。」

一片即將凋零的樹葉說：「你是生在福中不知福呀！」

小草奇怪的問：「我有什麼福？」

樹葉反問說：「那……你願意用你的生命，來換取我的高位置嗎？」

「不願意！我還想活呢！」小草拒絕說。

「那……你願意用你的綠色，換取鮮花開放時的那一刻輝煌嗎？」即將枯萎的鮮花問小草。

「不願意！綠色是我們小草的精神寄託。沒有綠色，小草怎麼能叫做小草呢？」小草猛搖著頭說。

「要不，我們來換個生長地。你到山頂來享受百年孤獨的痛苦，我則到成千上萬的小草中，感受那集體聚集的熱鬧景象。」山頂的孤柏問小草。

「我不要。」小草別過頭去。

不知什麼時候，小草的身後冒出成千上萬的小草，大家手拉著手，構成一片翠綠的世界。

「我真的是生在福中不知福啊！我擁有這麼多令人羨慕的東西，卻因為身分卑微而妄自菲薄，真是不應該呀！」小草一面自責、一面慶幸的說。

每天改變一點點

世間事皆有兩面，富有的人，並不一定悠閒自在，位高權重的人，未必擁有安然自若的心。而你所有的，是具有獨特風格的自己，無需羨慕高山，高山也有孤寒的一面；無需羨慕大海，大海也有鹹澀的一面。做好自己，你就是自己的最佳主角。

珍惜現在所擁有

亞當在夏娃的墓碑上寫道：夏娃在哪裡，天堂就在哪裡。

人生短暫，美好的東西失去得太過容易。一句讚美、一點關心、一絲問候，都足以表達一分真情，為人生減少一些遺憾。因此，擁有的時候，千萬要珍惜。

以《反敗為勝》一書聞名於世的艾柯卡，他寫書真正的動機，並不是為了報復福特公司，而是為了紀念他的太太。

當他被福特公司炒魷魚後，以一元年薪的代價，任職克萊斯勒公司時，他的太太一直對他說：「你好了不起！」

而當他把瀕臨倒閉的克萊斯勒挽救成功之後，他的太太又說：「我以你為榮！」

可是，當太太因為多年的糖尿病過世後，他才想到，自己從來沒有對太太說過同樣類似的話。當然，現在和以後，他再也沒有機會說了。所以，他決定寫《反敗為勝》這本書來紀念太太，而且把所有的版稅，都捐作糖尿病的研究經費。

每天改變一點點

恰如其分的讚美，是助人成功的催化劑。多一分讚美，少一分詬責，就會多一分意想不到的收穫。

能夠心如止水

「不以物喜，不以己悲」，真正做到了這點，才可以算是超越凡塵，真正的領悟了佛道。

然而在生活中，我們也應遵守「不因別人的評價而改變自己」的原則，才能永遠的保有自己。

傳說蘇東坡謫居黃州時，選擇靠近水邊居住，同時常與對岸佛寺中的老和尚學佛、參禪。有一天，他忽然心中有所感悟，便提筆、展紙，寫下幾句佛道偈語：

「端坐紫金蓮，佛光照大千，心定如止水，八風吹不翻。」

蘇東坡越反覆吟誦詩句，越覺得得意。便叫書童駕著船過河，把所寫的佛道偈語，送給老和尚看。

老和尚接過來一看，也不說話，只提筆在下面批了「放屁」兩個字，然後把批語遞給書童說：「拿回去吧！」

書童將老和尚的批語交給蘇東坡，蘇東坡看後心想：「我將學佛的心得告訴你，你不誇讚我的也就罷了，怎麼竟然罵起人來了？」

蘇東坡越想越氣，就命書童備船，親自過河要去找老和尚理論。

當他怒氣沖沖的駕船到達對岸時，卻見那老和尚，已經帶領了一班弟子，在岸上迎接等候。老和尚雙手合十，面帶微笑，朗聲的問道：「蘇施主，你不是八風吹不翻嗎？怎麼我放一個屁，就把你吹過河來了呢？」

蘇東坡聽了，細細的反省了一下，立刻轉怒為愧，在船上拱手施施禮，連船也沒下，就打道回府了。

每天改變一點點

「禪」的最高境界，是心無外物，而人類的終極自由，是心靈的自由，因為心靈可以決定，外界的刺激對本身的影響程度。

用心靈傳遞真愛

愛情是一種奇怪的東西，你越拚命去追求，它就離你越遠；你只知耕耘、默默付出時，它偏會悄悄降臨到你的身邊。

愛如果付出了，就能得到愛。

從前有一對家境貧苦，非常恩愛的夫妻。妻子留了一頭烏黑、長而飄逸的秀髮，她很想買一個漂亮的髮夾，可是始終沒有如願。先生的手錶少了一個錶鏈，他一直捨不得花錢去買。

有一年，在他們結婚紀念日的前夕，兩人都在苦思著要送對方什麼樣的禮物。結果兩人在交換禮物時，才發現，原來妻子剪掉了自己的秀髮，換錢買了一條錶鏈送給先生，而先生則把他的手錶當掉，買了一個漂亮的髮夾送給妻子。

這兩件贈品，他們都派不上用場，卻成了他們終身最珍貴的收藏品。

老天爺是公平的，祂不會讓一個富有同情心的人，受到冷落，也不會讓一個真心付出愛的人，享受不到被愛的甜蜜。

愛要愛得適當

在年少輕狂的時候，有些人會有幾次脫離生活正軌的經歷。能否將及時糾正回頭，家教有時起著至關重要的作用。

民初，一位大學生和家裡商量好，每月十五日，家中給他寄五百元的生活費。但因為他開支無度，三天兩頭就找理由和同寢室的室友，到校園餐廳盡情的揮霍一頓。

第一個月，他爸爸容忍他「錢一花光，就向家裡要」的做法，提前把第二個月的生活費，寄了過來。然而大學生卻惡習難改，第二個月、第三個月的作風，都依然如故。終於，在離第四個月的收款日還很久的時候，大學生就又開始捉襟見肘了。

「爸爸，我餓壞了。」萬般無奈的他，拍了一封極其簡短的電報回家。

「孩子，你就餓著吧！」爸爸很快就回了電報，也很簡短。

生活真是太偉大了，在往後只有十塊錢要度十天的日子裡，這位大學生絞盡腦汁的節衣縮食，開支之前一定錙銖必較，最後竟然讓熬過那段難捱的日子。

從那次以後，他學會了精打細算，而且他還發現，其實只要稍稍收斂一下不必要的支出，每個月只要四百元的生活費就夠用了。他可以用積攢下來的盈餘，買書、買唱片、旅遊、捐款等，當然也包括上餐廳吃飯，比起一次把錢全花在餐廳上，有意思多了。

每天改變一點點

捨不得讓孩子挨餓受罪的父母，是無法讓孩子學會如何生活的。

尊重每一個需要被救贖的生命

有句古諺說，「送之魚，不如授之漁」。簡單的幫助，是一種憐憫和同情，只有心靈的救助，才稱得上是濟世。

生活的盡頭依然是生活，唯有靈魂的復甦，才能讓人勇敢的面對。

有一個乞丐來到一個庭院，向女主人乞討。

這個乞丐很可憐，他的右手連同整條手臂斷掉了，空空的袖子晃蕩著，讓人看了都難過。所以無論碰上誰，都會對他慷慨施捨。

可是，這個庭院的女主人，卻毫不客氣的指著門前的一堆磚塊，對乞丐說：

「你幫我把這些磚塊搬到屋後去吧！」

乞丐生氣的說：「我只有一隻手，妳還忍心叫我搬磚塊。不願意給就不給嘛！何必捉弄人呢？」

女主人也不生氣，也不和他爭辯，自己俯身搬起磚塊來。她故意只用一隻手搬了一趟說：「你看，並不是非要兩隻手，才能做事啊！我能做，你為什麼不能做呢？」

乞丐愣住了。他用一種異樣的眼光，看著婦人，尖突的喉結，像一枚橄欖在喉頭上下滑動了兩下。最後，終於俯下身子，用他那唯一的一隻手，搬起磚塊來，一次只能搬兩塊。

他整整搬了兩個小時，才把磚塊搬完，累得氣喘如牛，臉上有很多灰塵，幾綹亂髮被汗水濡濕了，歪貼在額頭上。婦人遞給乞丐一條雪白的毛巾。乞丐接過去，很仔細的把臉上和脖子擦了一遍，白毛巾變成了黑毛巾。

婦人又遞給乞丐二十元。乞丐接過錢，很感激的說：「謝謝妳。」

「你不用謝我，這是你憑自己的力氣，掙來的工錢。」

「我不會忘記妳的，這條毛巾……留給我作紀念吧！」乞丐說完，深深的一鞠躬，轉身上路了。

過了很多天，又有一個乞丐來到這個庭院。那婦人把乞丐引到屋後，指著磚塊對他說：

「你把這些磚塊搬到屋前，就給你二十元。」

這位雙手健全的乞丐，卻走開了，不知道是不屑拿那二十元，還是別的什麼原因。

婦人的孩子不解的問母親：「上次妳叫那個乞丐，把磚塊從屋前搬到屋後。這次妳又叫乞丐，把磚塊從屋後搬到屋前。妳到底是想把磚塊放在屋後，還是屋前呀？」

母親對孩子說：「磚塊放在屋前和屋後都一樣。可是，搬不搬磚塊對乞丐來說，可就不一樣了。」

此後還來過幾個乞丐，那堆磚塊也就在屋前、屋後來回了幾趟。

若干年後，一個很體面的人，來到這個庭院。他西裝革履，氣度不凡，跟那些自信、自重的成功人士一模一樣。美中不足的是，這人只有一隻左手，右邊是一條空空的衣袖，一蕩一蕩的。

來人俯下身，用一隻手拉住有點兒老態的女主人說：

「如果沒有妳，我至今還是個乞丐。現在，我是一家公司的董事長。」

婦人已經記不起來他是什麼人了，只是淡淡的說：「這是你自己做出來的。」

獨臂董事長想把婦人和她一家人，遷到城裡去住，做城市人，過好日子。婦人卻說：

「我們不能接受你的照顧。」

「為什麼？」

「因為我們一家人個個都有兩隻手。」

「夫人，妳讓我知道了什麼叫『人』，什麼是『人格』，那房子是酬謝妳教育我應得的報酬呀！」董事長傷心的堅持著。

婦人笑了笑說：「那你就把房子，送給連一隻手都沒有的人吧！」

是的，所有的哲學家對人格的認同，都是一致的。第一是勞動，第二是思考。可是我們放眼望去，或者巡視周遭，是不是每個人，都具備這兩條基本品格呢？那些為人父母者，是不是清晰的知道，孩子在成人之前，應該教給他什麼呢？

每天改變一點點

有付出才會有收穫。單純的施捨，有時會造成傷害，因為它會助長人不勞而獲的品性。施捨時，讓人感覺到被尊重，感覺到自身的價值，才能算是真正的幫助。

及時愛你的至親愛人

一個人最大的鼓勵，是來自於親人的關懷，那種血濃於水的親情，是永遠不會被泯滅的。生命的起點和終點，最需要的，無非是愛與被愛，中間的過程，無論遇到什麼事，都會用心去維護我們的至親、愛人。

一家國外醫院做過兩組調查。一組是由婦產科負責進行：由新生嬰兒中選出兩批，第一批每天由母親抱起，愛撫三次，每次十分鐘；第二批不進行愛撫動作。結果在同樣的時間裡，第一批新生兒的體重增加率，是第二批的兩倍。

另一組調查，是在臨危的病人中進行。調查對象，都是即將要走到生命盡頭的人。這些人的遺言中，沒有人說要賺多少錢，要升多大的官，也沒有人想到房子、車子，幾乎所有的人都在說「要好好照顧你媽媽」，或者「好好照顧孩子」等。他們臨終前所想到的，都是至親、愛人，沒有人關心身外之物。

每天改變一點點

當你體會到親情的溫馨，就會有一種甜蜜、溫柔的感受穿透全身，整個人變得輕鬆了起來。至親、愛人都是至愛，這是永恆不變的真理。

第12天・蛻變前的關鍵忠告

愛是奮鬥的動力
賺到小錢，才能賺大錢
付出與獲得成正比
借力而駛也能一帆風順
有機會就先抓住
保持危機意識
不做守株待兔的人
不要推卸責任
不能只看事物表面
不能完全不受約束
主動承擔責任
出名後別忘了本

愛是奮鬥的動力

愛它，你才能做好它。愛它，你才能全心全意的為它心甘情願的付出。愛自己的親人，這是任何一個有愛心的人，最起碼的基本表現，然後才能做到「老吾老，以及人之老」。如果你連最親的人，都表現淡漠，那又如何去談要愛別人、愛公司成員、愛事業夥伴呢？

生活是相通的。真正體會了愛，才會真誠的愛其所有。其實，愛就是一種責任。

日本一名大學畢業生，應聘於一家大公司工作。社長審視著他的臉，出乎意外的問道：

「你替父母洗過澡、擦過身嗎？」

「從來沒有過。」青年很老實的回答。

「那麼，你替父母捶過背嗎？」

「有，那是我在讀小學的時候，那次母親還給了我一百元。」青年想了想。

在諸如此類的交談中，社長只是安慰他別灰心，會有希望的。青年臨走時，社長突然對他說：「明天這個時候，請你再來一次。不過，有個條件，剛才你說從來沒有替父母擦過身，明天來這裡之前，希望你一定要為父母擦一次。能做到嗎？」

社長的吩咐，青年一口答應了。

青年的母親回來後，聽見兒子要替她洗腳，母親感到很奇怪，說：

「幫我洗腳！不用啦！我還洗得動，我自己來洗吧！」

於是青年將自己必須替母親洗腳的原委說了一遍。母親很理解，便依照兒子的要求，坐了下來。

青年端來水盆，讓母親把腳伸進水盆裡，然後右手拿著毛巾，左手握著母親的腳，正準備洗時，這才發現，母親的那雙腳，已經像木棒一樣的僵硬。

青年忍不住摟著母親的腳，潸然淚下。在讀書的時候，他心安理得的花著母親如期送來的學費和零花錢，現在他才知道，那些錢是母親的血汗錢。

第二天，青年如約去那家公司，對社長說：「現在我才知道，母親為了我受了很多的苦。是您讓我明白了在學校裡沒有學過的道理，謝謝社長。如果不是您，我從來也沒有機會去握母親的腳。我只有母親一個親人，我要照顧好母親，再也不能讓她受苦了。」

「你明天到公司來上班吧！」社長點了點頭說。

每天改變一點點

如果連付出最多的親人，都漠然處之、吝於付出，誰能指望從他那兒，得到真情的回報呢？他又如何能夠關心別人呢？對你周圍的不孝之子，敬而遠之吧！

賺到小錢，才能賺大錢

「不積跬步，無以致千里，不積小流，無以成江河。」一個不能腳踏實地、小錢不願賺的人，是永遠也賺不了大錢的。

有兩個年輕人，一個是英國人，一個是猶太人，他們一同去尋找工作。途中他們發現一枚硬幣，躺在地上。英國青年看也不看的走了過去，猶太青年卻激動的將它撿起來。英國青年對猶太青年的舉動，露出鄙夷之色說：「一枚硬幣也撿，真沒出息！」

猶太青年望著生氣而遠遠離去的英國青年，心生感慨的說：「讓錢白白的從身邊溜走，那才是笨蛋！」

兩個人同時走進一家公司。明白公司的規模很小，工作很累，薪資也很低。英國青年立刻不屑一顧的走了，而猶太青年卻高興的留了下來。兩年後，兩人在街上相遇，猶太青年已成了老闆，而英國青年還在尋找工作。

英國青年不可理解的說：

「你這麼沒出息的人，怎麼能這麼快就『發』了？」

「因為，我沒有像你那樣紳士般的，從一枚硬幣上邁過去。你連一枚硬幣都不要，怎麼會發財呢？」猶太青年回答說。

英國青年並非不喜歡錢，可是他眼睛盯著的是大錢，而不是小錢，所以他的錢總在明天才會到來。這就是問題的答案。

每天改變一點點

沒有小錢，就不會有大錢。你不愛惜錢，錢也不會來找你。

付出與獲得成正比

「學而時習之，不亦樂乎。」

會學習、會工作的人，總能從工作中找到樂趣。任何知識都有一個「知」與「精」的境界，只要你願意做、執著的做，並從中能找到快樂，你就能精於某一學問或某一行業。

「你可以學新的了。」孔子向師襄子學琴，學了一些日子後，師襄子對他說。

「可是，我只學了曲子，拍子還不準確呢！」孔子說。

「拍子行了，你可以學新的了。」過了些時候，師襄子又對他說。

「不行，我還沒有把握其中的主題要領呢！」孔子說。

「主題要領已經把握了，可以學新的了。」又過了些時候，師襄子又說。

「還不行，我還沒有深刻的理解作者呢！」孔子說。

「我現在已經能體察到作者的為人風貌了，這是個思想深邃、性情樂觀而又眼光遠大的人，除了周文王，誰還能作出這樣的歌曲呢？」再過了些時候，孔子才說。

「我們學的，正是周文王所作的曲《文王操》啊！」師襄子由衷的佩服，恭恭敬敬的挺起身來對孔子說。

每天改變一點點

成大事者，都不是一步登天，而是一步一步向前邁進。就好比樓要建得多高，基礎就得有多牢一樣。

借力而駛也能一帆風順

「尺有所短，寸有所長。」一個人的長處可以替補另一個人的短處。當面對一個困難，單憑個人的能力無法解決時，我們應該想到「借力」。

星期六上午，一個小男孩在玩他的玩具沙箱。沙箱中有一塊大岩石，小男孩企圖把岩石從沙中弄出去。小男孩很小，而岩石卻相當大。他手腳並用，似乎費了很大的力氣，才把岩石連推帶滾的弄到沙箱邊緣。這時，他才發現，他無法把大岩石向上滾動，翻過沙箱的邊牆。

小男孩下定決心，手推、肩擠、左搖右晃，一次又一次的向岩石發動衝擊。可是，每當他剛剛覺得到一些進展的時候，大岩石便又滑脫了，重新掉進沙箱。

小男孩氣得哼哼直叫，拚出吃奶的力氣，不斷的猛推猛擠。但是，他得到的唯一回報，便是大岩石再次滾落回來，並砸到了他的手指。

最後，他傷心的哭了起來。

這整個過程，男孩的父親，都站在他面前，看得一清二楚。當淚珠滾下孩子的臉龐時，父親摟著孩子，溫和而堅定問：「兒子，你為什麼不用盡你所有的力量呢？」

垂頭喪氣的小男孩抽泣道：「我已經用盡全力了，爸爸，我已經盡力了！我用盡了我所有的力量！」

「不對，兒子，」父親親切的糾正說：「你並沒有用盡你所有的力量，因為你沒有請我幫助。」

父親彎下腰，抱起大岩石，將大岩石輕易的搬出了沙箱。

每天改變一點點

你解決不了的問題，對你的朋友或親人而言，或許只是輕而易舉的事。別忘了，他們也是你的資源和力量。

有機會就先抓住

有一天，有一位六歲的小男孩，在外面玩耍時，發現了一個鳥巢，被風從樹上吹落在地上，巢裡滾出了一隻嗷嗷待哺的小麻雀。小男孩決定把小麻雀帶回家餵養。

當他托著鳥巢走到家門口的時候，突然想起媽媽不允許他在家裡養小動物。於是，他輕輕的把小麻雀放在門口，急忙走進屋去請求媽媽的同意。在他的哀求下，媽媽終於破例的答應了。

小男孩興奮的跑到門口，不料卻發現，小麻雀已經不見了。他看見一隻黑貓，正意猶未盡的舔著嘴巴。

小男孩為此傷心了很久。

但從此他也記住了一個教訓：

只要是自己認定的事情，決不可優柔寡斷。

這個小男孩長大後，成就了一番事業，他就是華裔電腦名人——王安博士。

每天改變一點點

在人生中，思前想後、猶豫不決，固然可以免去一些做錯事的可能，但也可能會失去更多的成功機會。

保持危機意識

居安時且思危，你才不至於在大難臨頭時，束手無措。忽然來臨的危險，會讓人採取積極的應對措施，而安逸的環境，卻反而容易讓人滋長滿足、麻木等情緒。

所以，你在工作或生活中的平靜和安穩，絕不意味著前途光明一片，應多方面考慮各種可能來臨的危險。樹立危機意識，做好準備，才能坦然面對危機，並安然渡過難關。

十九世紀末，美國康乃爾大學做過一次著名的實驗。這組實驗的研究人員，做了十分完善精心的策劃和安排。他們捉來一隻健壯的青蛙，出其不意的把牠丟進一個煮沸的開水鍋裡。這隻反應靈敏的青蛙，在千鈞一髮的生死關頭，用盡全力，躍出那勢必讓牠葬身的開水鍋，安然的逃生了。

隔了半個小時，研究人員使用一個同樣大小的鐵鍋，這一回是往鍋裡放入冷水，然後把那只剛剛死裡逃生的青蛙，放進鍋裡。

青蛙自在的在水中游來游去。

接著，實驗人員在鍋底慢慢的用炭火加熱。青蛙不知究理，仍非常自在悠然的在微溫的水中，享受「溫暖」。

慢慢的，鍋中的水越來越熱，青蛙覺著不妙了，但等到牠意識到已經熬不住鍋中的水溫，必須奮力跳出才能活命時，已經為時已晚，牠欲躍乏力，全身發軟，只能呆呆的躺在水裡，等待死亡。最後牠連同鍋水，被煮成了青蛙湯。

每天改變一點點

驟然而臨的巨大危險，容易警覺躲過，但漸漸侵蝕的危險，卻讓人失去警覺，以致深陷其中、無力自拔。防微杜漸，永遠都不是一種無用的警示。

不做守株待兔的人

不要對別人期望過高，不應期望任何人為了另一個人的生活，而改變他的生活方式。

羅素的哲理如今依然是一種警示。不管你做任何事情，都不要把別人的承諾，當作既定的事實，如果你因此而放棄了你既定的計畫，而一心寄望於別人，那麼最後吃虧的人，一定是你。

沒有成為現實的許諾，實現之前都只是一種假設。而假設就一定有成與不成的兩種可能。做事情的時候也是這樣，做最壞的打算，付出最大的努力，才是成事之道。

三個夜行人突然遇見一群狼的襲擊。他們手無寸鐵，正在惶恐不安中。一個過路的獵人，解了他們的圍。獵人開槍打死了一隻狼，其餘的狼便逃命去了。

獵人和三個夜行人點燃篝火，一邊烤狼肉，一邊聊天。他們和獵人成了朋友。

「獵人大哥，明年的這時候，我路過這裡時，會給你帶來一匹棉布，你家就不用愁穿衣的問題了。」其中一位布商人說。

「獵人大哥，明年這時候，我也會路過這裡，到時候，我會給你送來一車的食糧和用油，你家就不愁吃飯問題了。」另一個食糧大戶說。

「獵人大哥，明年這時候，我也一樣會來，我會給你帶來一支上好的獵槍。」一個槍販子說。

一年後，到了三個夜行人與獵人約好的日子時，獵人來到路邊等待。他叫他的妻子和孩子，什麼事也不必做，他驕傲的說：「我的朋友會把吃的、穿的都送來。」

他還折斷了自己的舊獵槍，等待著朋友送來的新獵槍。

可是，一天又一天的過去了，一個月又一個月也過去了，三個朋友竟然沒有一個人到來。孩子餓死了，妻子也餓死了，獵人自己也已經奄奄一息，但他仍然堅持站在路邊等待。

這一天，布商終於來了，他果然為獵人帶來幾捆棉布。

「對不起呀老哥，外地的一個生意耽誤了我的行程。為了彌補我的過錯，我給您帶來三匹棉布。」布商歉疚的說。

第二天，另一個食糧大戶給他拉來兩大車的食糧和用油。

「對不起呀！老哥，路上遇到了大水，阻斷了行程，今天我給你送來兩車的食糧和用油。」

第三天，另外那個槍販子背著一支嶄新的獵槍來了。他對獵人說：「因為一筆生意出了差錯，所以現在才趕來。為了彌補自己的過失，他給獵人背來了一萬發子彈。」

獵人有氣無力的說：「可是，這有什麼用呢？我的孩子餓死了，妻子也餓死了，我自己也活不過明天了……這些東西對於我已經無用了。」獵人說完，閉上了眼睛。

三個朋友面面相覷，他們沒有想到，獵人由於對他們寄予了太大希望，而出現了如此嚴重的後果。他們也弄不明白，到底應該歸咎自己的錯，還是獵人的錯。

●每天改變一點點

對別人的承諾要盡力完成，以免傷了別人。對別人給予的承諾，也要客觀的去看待，考慮周全。無論生活或工作都一樣，最可靠的，就是依靠自己的努力。寄望於別人的幫助和允諾，會滋長你的惰性。

不要推卸責任

生活中，我們每個人都承擔著一定的責任。如果想把自己本該承擔的職任推給別人，結果只會讓肩上的壓力越來越大。

有一個牙科醫生，第一次給病人拔牙時，非常緊張，手一直發抖，沒有夾住剛拔下來的牙齒，牙齒掉進病人的喉嚨裡。

「非常抱歉！」牙科醫生對病人說：「你現在的病，已經不在我的職責範圍之內了，你應該去找喉科醫生。」

當這個病人找到喉科醫生時，他的牙齒掉得更深了。

「非常抱歉，你的病已經不在我的職責範圍內了，你應該去找胃科專家。」喉科醫生給病人做了檢查後說。

「非常抱歉，牙齒已經掉到你的腸子裡了，你應該去找腸科專家。」胃科專家用X光為病人檢查後說。

「非常抱歉，牙齒不在腸子裡，它肯定掉到更深的地方了，你應該去找肛門科專家。」

腸科專家同樣做了X光檢查後說。

最後，病人趴在檢查台上，擺出一個屁股朝天的姿勢，醫生用內視鏡檢查了一番，然後吃驚的叫道：「天哪！你這裡長了一顆牙齒，應該去找牙科醫生。」

●每天改變一點點

是你要做的事，就得自己做，求人不如求自己。

不能只看事物表面

做事做得幾乎對，和做事做得完全對，就是失敗與成功的分別。真正的高手，追求的是一種高質量的結果，正所謂「沒有最好，只有更好」，就是說明要在自身境界上，不斷的提高。同時，我們還要懂得欣賞別人，看出與別人的差距。只有認真的努力，才能創造出成績。

宋王正大興土木，有一位名叫癸的歌手，在工地放聲高歌。動人的歌聲，令過往的行人都停下腳步，留連忘返。工人們也個個精神抖擻，忘卻疲勞。

宋王很高興，大大犒賞癸。但是，癸卻向國王推薦他的老師射稽，說射稽的造詣，比他還高。

宋王立即召見射稽，並且請他也到工地獻唱。可是，奇事發生了，再也沒有人止步聽歌，工人們也都感到十分疲憊。

宋王大失所望，對癸說：「你的老師唱得並不如你啊！」

癸笑著說：「請大王檢查一下我們二人唱歌的實際效果吧！我唱歌時，工人只蓋了四道牆，而我老師唱歌時，工人們卻蓋了八道牆。而且牆堅固的程度也不一樣，我唱歌時蓋的牆，用鐵器就可以捅進五寸，而我老師唱歌時所蓋的牆，用鐵器只能捅進二寸。」

宋王聽了，恍然大悟，立刻命人重重的賞賜射稽。

●每天改變一點點

美好和完美是有區別的，就像射稽和他的學生癸唱歌的分別。真正的完美，是最深層次的美好。

不能完全不受約束

生活不是遊戲，遊戲都還有規則，更何況生活。

「約束」有時候並不完全是壞事。法律的約束，避免了一些人不勞而獲的心理；道德的約束，強化了一些人的精神素質；法律、家規的約束，又能建立一種完善的秩序，這些都是約束的必要性和力量。

「為所欲為」是一種放縱，也是一種極端自私的品格，「為所欲為」的人，往往在追求極端自我的時候，失去了自我。

有這樣一個人，他追求完全自由自在的生活，討厭生活對他的任何束縛。他討厭理髮師對他的擺弄，因而他拒絕理髮，聽任頭髮、鬍鬚自由的濫長。他討厭洗澡時受水的沖刷和毛巾的擦洗，因而他拒絕洗澡。他討厭身上的衣服對他的束縛，因而他把上衣脫下，打著赤膊，不穿襪，把鞋子也脫掉、扔了。現在，他只剩下皮帶和褲子的束縛了。

「你給我滾開吧！你幹嘛總是這麼緊緊約束著我？」他對皮帶說。

「可是，假如你失去我這唯一的約束，你就可能完全失去你的人格。」皮帶說。

「胡說！你給我滾開吧！」他找來一把剪刀，剪斷了皮帶。

可想而知，皮帶斷了，褲子當然滑落了。他卻喜不自勝，為了能解脫全身所有的約束而高興。

當然，沒有多久，人們就把他當作一個精神病人，關進了精神病房。這一來，所有的約束他都無法再抗拒了，他被徹底的束縛了。

人是不能完全不被約束的。

每天改變一點點

沒有規矩，不成方圓。其實，追求完全的自由，本身就是一種枷鎖，在追求自由的同時，也就失去了自由。絕對的自由，並不存在。

主動承擔責任

「適時主動的出擊作戰，可以扭轉被動挨打的局面。」這是賀龍元帥，在軍隊深陷困境時，提出來的戰略方針。

是的，主動做事比被動承受，在心態上積極很多，結果當然是有所不同。當你以一種沉重的心情做事的時候，會加重事情本身的沉重，而如果以勇於擔當的方式進行，卻反而會使原來沉重的事情變得輕鬆。

不妨變被動為主動的處事，你一定會覺察出成效。

一位農民每天肩挑柴，翻山越嶺的去集市，用柴換取一天的吃飯錢，再將剩餘的錢供兒子上學。

兒子放暑假回來，父親為了培養兒子的吃苦精神，便叫兒子替他挑柴，上集市去賣。兒子挺不情願的挑了兩回，因為翻山越嶺的挑柴，著實把他給累壞了。過了兩天，兒子再也挑不動了。

父親沒辦法，只好歎著氣，讓兒子一邊歇著去，自己還是一天接一天的，挑著柴賺錢養家活口。直到有一天，天有不測風雲，父親不幸病倒了，這一躺就是半個月起不了床。

家裡失去了養家賺錢的來源，眼看就要斷炊了。兒子沒辦法，終於主動的挑起了生活的重擔。每天天不亮，兒子學著父親的樣子，上山砍柴，然後挑著柴去集市賣，竟然一點也不覺得累。

「兒子，別累壞了身子！」父親又喜又心疼的看著兒子忙碌的身影說。

兒子這時停下手中的活兒，對父親說：「父親，真是奇怪，你剛開始叫我挑柴那兩天，我挑那麼輕的擔子，卻覺得特別累，怎麼現在我挑得擔子重多了，反而不覺累呢？」

農民點點頭說：「這一方面是因為你身體的體力練出來了，更多方面是因為你主動去挑重擔的緣故啊！主動需要勇氣，而這勇氣，便是你最大的力量。你的體力，加上你勇於挑重擔的勇氣，當然會使你覺得擔子變輕、不覺得累呀！」

每天改變一點點

勇於挑起生活的重擔，你就覺得擔子比在被動承擔時輕了。勇於挑起工作的重責，你也會覺得，困難並沒有想像中那麼嚴重。

出名後別忘了本

現在的人喜歡追求時尚，什麼東西都要新潮，百年老店也出新花樣，民俗文化也融進西洋搖滾，讓人感到不倫不類，最後不僅沒能得到什麼，反而失去很多。

在某一個屢屢發生船難的海岸上，由於葬身海中的人太多，所以有一些熱心的當地人士，就搭了一座簡陋的救生站。看守該站的救生員，個個都是深具熱誠的義工。他們憑著熟練的泳技，救了許多寶貴的性命，而這座救生站，也因此漸漸名聲遠播。

名聲一經傳開，許多人便慷慨捐獻出物資、金錢，增購了許多設備，也培訓了更多的救生員。使得簡陋的救生站，搖身一變，成了一幢設備完善而舒適宏偉的大樓。

人們常在那裡舉辦各種的慶祝活動。漸漸的，救生站變成了俱樂部，社交活動蒸蒸日上，但救生行動卻反而逐日銳減。

船難仍不停的在發生，可惜已經沒有多少人去關心了。

每天改變一點點

好名則立異，立異則身危，故聖人以名為戒。

作　　者　　趙普樂

發 行 人　　林敬彬
主　　編　　楊安瑜
編　　輯　　蔡穎如
美術編排　　曾竹君
封面設計　　曾竹君

出　　版　　大都會文化　行政院新聞局北市業字第89號
發　　行　　大都會文化事業有限公司
110台北市信義區基隆路一段432號4樓之9
讀者服務專線：（02）27235216
讀者服務傳真：（02）27235220
電子郵件信箱：metro@ms21.hinet.net
網　　　址：www.metrobook.com.tw

郵政劃撥　　14050529 大都會文化事業有限公司
出版日期　　2007年11月初版一刷　2009年11月初版八刷
定　　價　　199元
ISBN　　978-986-6846-18-2
書　　號　　Growth-020

Metropolitan Culture Enterprise Co., Ltd.
4F-9, Double Hero Bldg., 432, Keelung Rd., Sec. 1,
Taipei 110, Taiwan
Tel:+886-2-2723-5216　Fax:+886-2-2723-5220
E-mail:metro@ms21.hinet.net
Web-site:www.metrobook.com.tw

國家圖書館出版品預行編目資料

12天改變一生. / 趙普樂 著.
-- 初版. -- 臺北市：大都會文化, 2007. 11
面； 公分. -- (Growtj；20)
ISBN 978-986-6846-18-2 (平裝)
1.生活指導　2.成功法

177.2　　96016003

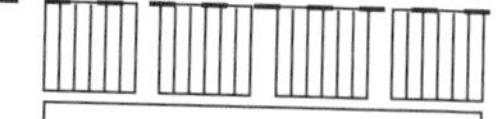

北區郵政管理局
登記證北台字第9125號
免 貼 郵 票

大都會文化事業有限公司
讀者服務部收
110台北市基隆路一段432號4樓之9

寄回這張服務卡（免貼郵票）
您可以：
◎不定期收到最新出版訊息
◎參加各項回饋優惠活動

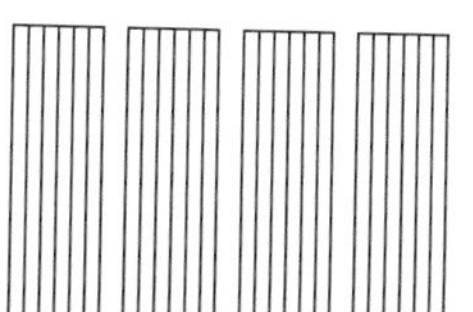

大都會文化　讀者服務卡

書號：Growth-020 **12天改變一生**

謝謝您選擇了這本書！期待您的支持與建議，讓我們能有更多聯繫與互動的機會。

A. 您在何時購得本書：________年________月________日

B. 您在何處購得本書：____________書店（便利超商、量販店），位於　　　（市、縣）

C. 您從哪裡得知本書的消息：1.□書店 2.□報章雜誌 3.□電台活動 4.□網路資訊 5.□書籤宣傳品等 6.□親友介紹 7.□書評 8.□其他________

D. 您購買本書的動機：（可複選）1.□對主題和內容感興趣 2.□工作需要 3.□生活需要 4.□自我進修 5.□內容為流行熱門話題 6.□其他________

E. 您最喜歡本書的：（可複選）1.□內容題材 2.□字體大小 3.□翻譯文筆 4.□封面 5.□編排方式 6.□其他________

F. 您認為本書的封面：1.□非常出色 2.□普通 3.□毫不起眼 4.□其他________

G. 您認為本書的編排：1.□非常出色 2.□普通 3.□毫不起眼 4.□其他________

H. 您通常以哪些方式購書：（可複選）1.□逛書店 2.□書展 3.□劃撥郵購 4.□團體訂購 5.□網路購書 6.□其他________

I. 您希望我們出版哪類書籍：（可複選）1.□旅遊 2.□流行文化 3.□生活休閒 4.□美容保養 5.□散文小品 6.□科學新知 7.□藝術音樂 8.□致富理財 9.□工商管理 10.□科幻推理 11.□史哲類 12.□勵志傳記 13.□電影小說 14.□語言學習（_____語）15.□幽默諧趣 16.□其他________

J. 您對本書（系）的建議：________________

K. 您對本出版社的建議：________________

讀者小檔案

姓名：________　性別：□男 □女　生日：____年____月____日

年齡：□20歲以下 □20～30歲 □31～40歲 □41～50歲 □50歲以上

職業：1.□學生 2.□軍公教 3.□大眾傳播 4.□服務業 5.□金融業 6.□製造業 7.□資訊業 8.□自由業 9.□家管 10.□退休 11.□其他________

學歷：□國小或以下 □國中 □高中／高職 □大學／大專 □研究所以上

通訊地址：________________

電話：(H)________　(O)________　傳真：________

行動電話：________　E-Mail：________

◎謝謝您購買本書，也歡迎您加入我們的會員，請上大都會網站 www.metrobook.com.tw 登錄您的資料，您將不定期收到最新圖書優惠資訊及電子報。

大都會文化
METROPOLITAN CULTURE

大都會文化
METROPOLITAN CULTURE